生活に生きる故事・説話

——日蓮の例話に学ぶ——

（インド編）

若江賢三・小林正博 共編

第三文明社　レグルス文庫 259

まえがき

弘安元年（一二七八年）四月十一日付の「檀越某御返事《だんおつぼう》」に「一切世間の治生産業は皆実相と相違背《あいいはい》せず」とあります。これは『法華経』法師功徳品を解説した天台大師の『法華玄義』からの引用ですが、「治生」とはくらしを立てる、という意で、「産業」もほぼ同じ意味です。「実相」とは真実の姿という意で、究極の悟り（法性）に通じます。

弘安元年の四月といえば、日蓮は前年末以来の、激しい下痢をともなう「やせ病」のまっただなかでした。自身も病苦に耐えながら、日蓮は真実の仏教を後世に残すべく、懸命の闘いをしていた時期です。また、文永十年（一二七三年）、流罪の地・佐渡で著した「観心本尊抄」には「天晴れぬれば地明かなり法華を識る者は世法を得可きか」とあります。天が晴れれば大地が明るくなるように、法華経を実践する者は世間の法に通達するべきである、と説いています。

このように、法華経を実践する真実の仏法者は、当然のこと、世法にも通達すべきであるというのが、生活の中に生きる日蓮仏法です。そのことは、インドの地で初めて仏教を説いた釈尊の立場もまったく同じといえるでしょう。ゆえに、仏教といっても、あの膨大な経典の中にあるのではなく、生きて生活する私たちの毎日毎日の日常の中にこそあるわけです。一瞬一瞬の生活場面に発揮される「知恵」の中にこそ仏法は存在する、といえるでしょう。

日蓮は、十三世紀の奇跡《きせき》といってよいほど多くの著述を残しており、しかもその多くの真蹟《しんせき》が現存しています。そしてその大部分は庶民の信仰者である男女の弟子たちへのお手紙として記《しる》されているのです。供養へのお礼であったり、質問に対する答えであったり、あるいは身内の死に直面して苦悩している人への励ましであったりします。そうした消息文の中に、日蓮仏法の真髄《しんずい》が珠玉《しゅぎょく》のごとくちりばめられているのです。消息を書くにあたって日蓮は、実に多くの書物を読んでおり、また、インド・中国・日本の歴史にも通暁《つうぎょう》しております。そうした知識を自在に駆使《くし》して、仏法の知恵が留《とど》められているのです。それを一つ一つ拾い上げることにより、日蓮仏法そのものが眼前に展開されてくるわけです。

本書はかつて出版された『日蓮の説いた故事・説話』を、レグルス文庫への収録のためにこれに加筆し、『生活に生きる故事・説話——日蓮の例話に学ぶ——』としたものです。より読者に親しみやすくするために、全体を「生活への指針」「生活の中の信仰」「福徳のある生活」（以上、インド編＝上巻）、「人生への指針」「民衆と仏法」（以上、中国・日本編＝下巻）の五章に再編しました。なお、より多くの読者の便宜のため、引用御書（創価学会版『日蓮大聖人御書全集』）の頁数のあとに・（ナカグロ）を置き『昭和定本日蓮聖人遺文』の頁数も並記しました。

本書において、日蓮仏法入門、仏教入門としての役割が担《にな》えたなら、著者としての望外の喜びです。ご叱正《しっせい》をよろしくお願いいたします。最後に本書の刊行に尽力くださった第三文明社の書籍編集部の皆さんに心より御礼申し上げます。

平成十九年十月三十一日

若江賢三

もくじ

I　生活への指針

II　生活の中の信仰

III　福徳のある生活

イラスト／英淑

I　生活への指針

1　人生には、なぜ信仰が必要なのかを教える「雪山《せっせん》の寒苦鳥《かんくちょう》」の説話

雪山の寒苦鳥《かんくちょう》は寒苦にせめられて夜明《あけ》なば栖《す》つく（造）らんと鳴くといへども日出でぬれば朝日のあたた（暖）かなるに眠り忘れて又栖をつく（造）らずして一生虚《むなし》く鳴くことをう一切衆生も亦復是くの如し（新池御書《にいけごしょ》一四四〇頁・一二一二頁）

「雪山の寒苦鳥」は有名な仏教説話で、その中に登場する「寒苦鳥」が俳句の冬の季語としても使われるほど、日本の文化の中に定着しています。

インドの文献に寒苦鳥についての伝承を見つけることはできませんが、日本では室町時代の天台宗の文献『鷲林拾葉《じゅりんしゅうよう》』に出てきます。『鷲林拾葉』は、尊舜《そんしゅん》の作で、『法華経』や『法華文句』などに基づきながらも、仏教の入門書として、説話、伝説や『法華経』にちなんだ和歌の類《たぐい》もたくさん引用されています。『鷲林拾葉』の第二十三巻をもとに、その説話を紹介しましょう。

インドの雪山という山（今のヒマラヤ山脈に当たります）に、寒苦鳥という鳥がいた。その鳥は人間の言葉で鳴くという。

厳しい夜の寒さに耐えかねて、夜通し雌鳥は「殺我寒故《シガカンコ》」「殺我寒故《シガカンコ》」と鳴いていた。寒さに死んでしまう、というのである。雄鳥は「夜明造巣《ヤメイゾウソウ》」「夜明造巣《ヤメイゾウソウ》」と鳴いていた。夜が明けたら巣を作ろう、というのである。

ところが、夜が明けて日が差してくると、その温かさに夜の寒さを忘れ、「どうせ明日をも知らぬ無常の身、どうしてこの身を安穏《あんのん》にする巣などを作る必要があるのか？

今日死ぬとも知らず、明日死ぬとも知らぬのに」と鳴くのである。まるで、経典の一節のような立派な言葉で鳴くのである――。

この説話は、口では「人生は虚《むな》しい」といいながら、その虚しい人生を確固《かっこ》としたものにする努力もしない凡夫の姿が批判されています。何かせっぱ詰まったことがあれば、反省はするが、日常のなかで、安逸《あんいつ》さや名聞名利《みょうもんみょうり》にとらわれ、すぐに反省を忘れてしまう凡夫の愚かさが譬《たと》えられているのです。「新池御書」で、日蓮は、新池左衛門尉に対し、「始より終りまで弥《いよいよ》信心をいたすべし・さなくして後悔やあらんずらん」（同頁）と、信仰は一生涯貫《いっしょうがいつらぬ》くべきものであることを教え、無常の人生を確固たるものにするために、さらに強き信仰に生きることを勧めています。

2　人間として正しく振《ふ》る舞《ま》う道を示した「不軽菩薩《ふきょうぼさつ》」の物語

一代の肝心は法華経・法華経の修行の肝心は不軽品にて候なり、不軽菩薩の人を敬いしは・いかなる事ぞ教主釈尊の出世の本懐は人の振舞にて候けるぞ（崇峻《すしゅん》天皇御書一一七四頁・一三九七頁）

不軽菩薩は、『法華経』常不軽菩薩品に出てくる求道者で、釈尊の過去世の姿です。「本生譚《ほんじょうたん》」（一二七頁参照）の一種で、釈尊が過去世において本当に不軽菩薩であった、と考えるよりも、仏道修行者の一つの理想の姿を表していると解釈すべきでしょう（三一頁参照）。

威音王《いおんのう》という仏が入滅《にゅうめつ》し、その教えが形骸化《けいがいか》したとき（像法《ぞうほう》時代）、驕《おご》り高ぶった出家者が力を持っていました。そのとき、一人の菩薩《ぼさつ》がいました。名を不軽《ふきょう》（常不軽《じょうふきょう》）といいました。

菩薩は出会う人、出会う人に礼拝《らいはい》し、こう呼びかけました。

「私は深くあなたたちを敬《うやま》います。決して軽《かろ》んじることはありません。あなたたちは菩薩の修行を完成し、仏となられるからです」

しかし、驕り高ぶった出家の男女、在家の男女（以上を、比丘《びく》・比丘尼《びくに》・優婆塞《うばそく》・優婆夷《うばい》の「四衆《ししゅう》」といいます）は、彼を罵《ののし》るのです。なぜなら、彼らの常識からいえば、人が将来仏になることを告《つ》げること（授記《じゅき》）は、仏のみができるものだったからです。

驕り高ぶった四衆からどのように罵られても、不軽菩薩は礼拝行をやめることはありませんでした。棒きれで打たれても、石を投げつけられても、叫ぶのです。

「私は深くあなたたちを敬います。決して軽《かろ》んじることはありません。あなたたちは菩薩の修行を完成し、仏となられるからです」

長い間、彼はただただ人を尊《とうと》ぶという実践を行い続けました（但行礼拝《たんぎょうらいはい》）。まさに彼の寿命《じゅみょう》が終わろうとしたとき、虚《こ》空《くう》より、法華経が頌《じゅ》される（となえる）声を聴《き》きました。彼は、さらに命を延《の》ばし、彼を謗《そし》った人々も、やがては彼に従って仏道修行の実践を行うようになった

のです。

日蓮は法理の上からは『法華経』の「寿量品《じゅりょうほん》」や「神力品《じんりきほん》」を重視しますが、実践の上からはこの「不軽品《ふきょうほん》」を高く評価しています。

一つには、不軽が増上慢《ぞうじょうまん》の比丘の考え方（仏は特別な存在で、衆生は仏にはなれない）を真《ま》っ向《こう》から批判したという弘教《ぐきょう》の方法（折伏行《しゃくぶくぎょう》）が日蓮と共通であるという点（「謗法《ほうぼう》の者に向っては一向に法華経を説くべし毒鼓《どっく》の縁と成さんが為なり、例せば不軽菩薩《ふきょうぼさつ》の如し」〈四三八頁・二四二頁〉）。

二つには、どれほどの迫害《はくがい》にあっても、礼拝行《らいはいぎょう》をやめなかったという点（難と忍辱《にんにく》「かたがた・しの（忍）びがたき事なり、例せば威音王仏の末の不軽菩薩のごとし」〈一五四八頁・一五三一頁〉）が挙《あ》げられるでしょう。日蓮はその不軽の忍辱の姿に最大限の敬意を示し、「日蓮は是れ法華経の行者なり不軽《ふきょう》の跡《あと》を紹継《しょうけい》するの故に」（九七四頁・八四三頁）、「日蓮は即ち不軽菩薩為《た》る可し」（九五四頁・五一五頁）とまで述べています。

さらには、不軽の仏道修行の実践が、他者の仏性《ぶっしょう》を尊ぶというもので、日蓮仏法と共通するという点（平等主義・人間主義、「彼の二十四字と此の五字と其の語殊なりと雖も其の意是れ同じ彼の像法の末と是の末法の初と全く同じ」〈五〇七頁・七四〇頁〉、「過去の不軽菩薩は一切衆生に仏性あり法華経を持たば必ず成仏すべし、彼れを軽《かろ》んじては仏を軽んずるになるべし」〈一三八二頁・一二六六頁〉）も、日蓮が不軽菩薩を高く評価する点でしょう。どんなに迫害されても、耐《た》え忍び、他者を尊《とうと》ぶという行為を続けた不軽菩薩の姿それ自身が、信仰者として、また一人の人間として崇高であることはいうまでもないでしょう。そして、それは日蓮の姿勢《しせい》に共通なものです。

本抄では、純粋な信仰を持っていたものの、ときとして感情に振《ふ》り回《まわ》されがちな四条金吾に対して、人としての誠意や常識あふれる振る舞いこそが、仏教の真髄《しんずい》であり、逆境《ぎゃっきょう》を乗り越えるカギとなることを、不軽の例を挙げて、示しています。

3 真の人間の道を歩むためには何が必要なのかを説いた鴦崛摩羅《おうくつまら》（アングリマーラ）の故事

あうくつまら（鴦掘摩羅）なんど申せし悪人どもは・いかにも・かなうまじくて必ず阿鼻《あび》地獄に堕つべかりしかども・教主釈尊と申す大人にゆきあ（値）はせ給いてこそ仏にはならせ給いしか、されば仏になるみちは善知識にはすぎず（三三蔵祈雨事一四六八頁・一〇六五頁）

鴦崛摩羅《おうくつまら》は、サンスクリットの「アングリマーラ」の音を漢語に写したものです。実在の人物で、殺人鬼《さつじんき》でしたが仏弟子となりました。「殺した人間の指（アングリ）」を首《くび》飾《かざ》り（マーラ）にしていたために、その名があるといわれます。「アングリマーラ・スッタ（アングリマーラ経）」など、多くの経典に登場します。

彼はもとの名前を「アヒンサカ（殺さない人）」といい、真面目《まじめ》な人柄《ひとがら》でした。彼はタッカシーラというバラモンのもとに弟子入りをしたのですが、身に覚えのない事件の罪を着せられて、信頼していた師匠から破門されたのです。純粋で少しの悪も許せないアヒンサカは、この矛盾に耐《た》えられず、「生きとし生けるものに恨《うら》みをもつもの」（「アングリマーラ・スッタ」）、「アングリマーラ」となりました。

人々が恐《おそ》れおののき、国王たちが軍隊を使って捕《つか》まえ殺そうとしていたアングリマーラの噂《うわさ》を聞きつけ、釈尊《しゃくそん》は彼と会おうとしました。そして、釈尊は彼に出会うと、最高の敬語を使って、こう言ったのです。

「あなたは私の弟子です。さあ、どうか、こちらに来てください」

のちに、仏弟子となってからの心境を、アングリマーラはこう語っています。

「森のなかでも、樹木《じゅもく》の下でも、山のなかでも、洞窟《どうくつ》のなかでも、私は、いたるところで震《ふる》えおののいていた。それが、今は、心静かに眠ることができ、心静かに立ち上がり、心静かに生活している」(『テーラ・ガータ』)

人々を不安と恐怖のどん底にたたき込んだアングリマーラなのですが、実は彼の心こそが、不安で震えおののいていたのです。釈尊はそれを見抜《みぬ》いたのです。

仏教では、人を仏道修行の完成へと至《いた》らせる存在のことを「善知識《ぜんちしき》」といいます。殺人鬼アングリマーラの良心を目覚《めざ》めさせた釈尊は、まさに「善知識」中の「善知識」といえるでしょう。逆に人を真の仏道からどんどん遠ざけるのが「悪知識」です。「三三《さんさん》蔵祈雨事《ぞうきうのこと》」では、仏道修行における善知識の大切さを示されながら、呪術的《じゅじゅつてき》な祈禱《きとう》に終始し、「真の人間性」を育《はぐく》むという仏教の本来の目的を忘れた真言宗を、「悪知識」の代表として指弾《しだん》しています。

4　妙法蓮華経への純真な「信」によって、すべての人が仏になることができることを明かした「忍辱仙人《にんにくせんにん》・能施太子《のうせたいし》・尚闍梨仙人《しょうじゃりせんにん》」たちの修行の物語

忍辱《にんにく》仙人として・歌梨王《かりおう》に身をまかせし功徳、能施《のうせ》太子・尚闍梨《じょうじゃり》仙人等の六度の功徳を妙の一字にをさめ給いて末代悪世の我等衆生に一善も修せざれども六度万行を満足する功徳をあたへ給う（日妙聖人御書一二一五頁・六四四頁）

アショーカ王の治世（紀元前三世紀）前後、厳格《げんかく》な出家生活でしか、仏道修行をまっ

とうできないと考える保守的な出家中心主義の流れが成立しました。これに対し、紀元前後ごろ、さまざまな宗教的実践によって、宗教的覚醒《かくせい》が万人に可能であるという大《だい》乗《じょう》の考え方が生まれたと考えられます。大乗仏教の理想的な人格のイメージは「菩薩《ぼさつ》」と呼ばれ、また大乗仏教で説くさまざまな宗教的実践は、パーラミターと呼ばれました。「方法」という意味で、音《おん》を写して、「波羅蜜《はらみつ》」と漢訳されます。

パーラミターは六種にまとめられました。布施《ふせ》（貧者などに施すこと）、戒《かい》（身を慎《つつし》むこと）、忍辱《にんにく》（苦難に耐《た》えること）、精進《しょうじん》（弛《たゆ》むことなく宗教的実践を行うこと）、禅定《ぜんじょう》（心を集中すること）、般若《はんにゃ》（智慧《ちえ》、物事の真理を知ること）です。

それと前後して、「偉大な釈尊が仏になったのは、過去においてパーラミターを実践したからである、ゆえに、我々もパーラミターを実践するならば、仏になることができる」という思想を、わかりやすく語る釈尊の過去物語の類《たぐい》ができたのです。後に述べる尸毘王《しびおう》も同類の物語です。忍辱仙人《にんにくせんにん》・能施太子《のうせたいし》・尚闍梨仙人《しょうじゃりせんにん》は、この釈尊の過去物語に登場する人物たちで、パーラミターの修行を行いました。

忍辱（クシャーンティ）仙人は、『大智度論』第十四巻に出てきます。実在の人物ではなく、名前が示すように「忍辱」のパーラミターを象徴《しょうちょう》したものです。

彼は森の中で一人修行をしていました。あるとき、カーリ（歌梨）という名前の王が供《とも》のものを従えて森にやって来ました。王が休んでいるすきに、供のものは森を探検し始めました。そして、一人静かに修行をしている忍辱の姿をそこに発見したのです。

傲慢《ごうまん》な王と正反対の、外見は質素だが人間としての尊厳《そんげん》を有する忍辱の姿に打たれたカーリ王の供たちは、忍辱の説法を静かに聞きました。

目覚《めざ》めた王は、自分の供が、忍辱を深く信頼しているのに嫉妬《しっと》しました。そして怒りに燃《も》えた王によって、忍辱は、鼻と耳、手と足を切り落とされてしまいました。が、忍辱の志《こころざし》は微塵《みじん》も動きませんでした。この功徳で、彼は生まれ変わって、釈尊となったのです。

能施太子の「能施」とは、サンスクリットでは「ティヤーガヴァット」といい、「ティヤーガ（施《ほどこ》し）を行う人」という意味で、パーラミターのうちの「布施《ふせ》行」をシンボライズした人物です。

彼は、常に貧《まず》しき人々、病《やまい》の人々に施《ほどこ》しを行う有徳の人でした。世界中の貧しき人に施すために、無限の財宝を得ることができるという如意宝珠《にょいほうしゅ》を探しに、遠く海の底まで行き、ついに手に入れた宝珠で、多くの貧しき人に布施を行いました。その功徳で、のちに釈尊と生まれ変わったのです（『大智度論《だいちどろん》』第十二巻）。

尚闍梨は、『大智度論』第十七巻に出てきます。「尚」はサンスクリットの「シャンカ」つまり法螺貝《ほらがい》。髪の毛を法螺貝のように頭の上で結ぶことです。「闍梨」は同じく「アーチャーリャ」、聖者という意味です。身なりなど構わず、修行に勤《いそ》しむ聖者が「尚闍梨」でした。これはパーラミターのうちの「禅定《ぜんじょう》（ディヤーナ）」をシンボライズした人物像です。シャンカは、禅定の修行に熱中しました。その集中の度合いは、鳥が髪の毛の中に卵を産み、孵《かえ》った小鳥が飛び立つまで、座を立たないというほどだったのです。その功徳で、のちに釈尊として生まれました。

これらの説話は釈尊が前世にそういう修行をしたということを伝えているというより

むしろ、我々、凡夫《ぼんぷ》も、多様な仏道修行によって、仏となることが可能であることを述べたものです。しかし、時代が移るとともに、釈尊の過去の物語がすべて歴史的事実とされると、仏になるためにはそれほどたくさんの修行を、膨大《ぼうだい》な年月をかけて、行わねばならないのだ、と考えられることになったのです。これでは我々凡夫は、とうてい仏になることは不可能になってしまいます。これでは本来の大乗仏教の精神は損《そこ》なわれてしまいます。

日蓮は本抄で、それぞれの波羅蜜《はらみつ》を象徴《しょうちょう》する忍辱仙人たちを挙《あ》げ、妙法蓮華経の妙の一字には、それらの修行の一切の功徳が含まれ、妙法への純真な「信」によって、即《そく》身《しん》成仏が可能になることを示唆《しさ》しています。すべての人が仏になることができるという、大乗の精神は日蓮によって再興され、新しい光を与えられたのです。

5 法華経への強き信仰に生きる者はどんな難でも乗り越えられることを教える「鬼子母神《きしもじん》・十羅刹女《じゅうらせつにょ》」の説話

又此の曼荼羅《まんだら》能く能く信ぜさせ給うべし、南無妙法蓮華経は師子吼の如し・いかなる病さはり（障）をなすべきや、鬼子母神・十羅刹《らせつ》女・法華経の題目を持つものを守護すべしと見えたり（経王殿御返事一一二四頁・七五〇頁）

鬼子母神《きしもじん》は、もともとインドの民間信仰で語り伝えられた存在でした。おそらく、釈尊が入滅した後、鬼子母神をめぐる伝承《でんしょう》が仏教に採《と》り入れられたと思われます。梵語《ぼんご》では、ハーリーティーという名で、その音《おん》を移して伽利帝《かりてい》、訶利帝《かりてい》などと表記されます。さまざまな経典にハーリーティーをめぐる伝承が出てきますが、ここでは説一切有部《せついっさいうぶ》の律《りつ》のなかに残された伝承を紹介します（『根本説一切有部毘奈耶雑事《びなやぞうじ》』巻三十一）。

ヤクシャ（夜叉《やしゃ》、インドの民間信仰に出てくる霊的存在）の夫婦がいました。二人は人々を護《まも》り、尊敬《そんけい》されていました。やがて二人に女の子が生まれました。人々は非常に喜んだので、この子は歓喜《かんき》と名づけられることとなりました。

やがて、彼女は成長し結婚しました。あるとき、彼女は夫に恐《おそ》るべき欲望《よくぼう》を語ったのです。

「ラージャグリハ（王舎城《おうしゃじょう》）の街《まち》には、たくさんのかわいい子どもたちがいる。あの子どもたちを私は食べてしまいたい。心の底からそういう欲望が湧《わ》いてやめられない」

ヤクシャには、確《たし》かに人を害するものがいるかもしれませんが、彼女の親たちも夫も、むしろ人間を護《まも》り、尊敬されていたはずなのです。

やがて夫妻にたくさんの子どもが生まれました。とくに、一番末《すえ》っ子は、一番幼く、かわいいゆえに、愛児《あいじ》と名づけられました。それほど、夫妻はこの子を愛していたのです。しかし、恐ろしい欲望は日に日に増していき、とうとうラージャグリハの子どもを何人もさらって、食べてしまったのです。王は軍隊を出動させましたが、まったく無駄《むだ》でした。

悩んだ王は、占《うらな》い師に占わせると「祭りを行いなさい」と言います。これを行っても何の効果もありません。「街が汚《よご》れて陰気《いんき》だからです」と言われて、王は、街を掃《は》き清《きよ》め、大きな音楽を流し、華《はな》やかな飾《かざ》り付《つ》けをしましたが、効果はありません。人々は彼女を「歓喜」どころではなく、「蒼《あお》ざめたもの」という意味のハーリーティーと呼びました。

とうとう「彼女を止《と》めるためには、仏にお願いするしかありません」との意見を聞き入れ、王は仏のもとに行きました。

「軍隊でもだめです。もうどうしようもありません。どうか、世尊《せそん》（＝仏）のお力でヤクシャの残虐《ざんぎゃく》を止《と》めてください」

世尊は黙然《もくねん》とうなずき、求めに応じました。翌朝、仏はハーリーティーの家に行きました。また子どもをさらいに行ったのか、彼女の姿は見えません。かわいい子どもたちが元気にはしゃいでいました。仏は末っ子の愛児を隠《かく》しました。

ハーリーティーが帰ってきましたが、愛《いと》おしい末っ子の姿は見えません。他の子たちに聞いてもわかりません。ハーリーティーは、髪《かみ》を振《ふ》り乱しながら探します。しかし、どこにもいません。森を探し、池を探し、沼を探しましたがいません。涙は頬《ほお》から胸に流れ落ち、唇《くちびる》はからからになりまし

た。心は憔悴《しょうすい》しきってしまいました。服は脱《ぬ》げ、しかし、そんなことに構《かま》っていられません。大声を出してハーリーティーは叫《さけ》びました。

「愛児よ、どこにいるの」

そのとき、仏があらわれました。ハーリーティーは、ただ泣きぬれて仏の足元《あしもと》に伏《ふ》し、このように言うのです。

「私の愛児がいないのです」

世尊は言いました。

「おまえには子どもが何人もいる。一人ぐらいどうってことはないだろう。苦しみではないはずだ」

彼女は言います。

「いいえ、親にとって、一人でも子どもがいなくなれば、血を吐《は》いて死んでしまうぐらい苦しいのです」

仏は静かに言いました。

「そうだろう。何人子どもがいようが、一人の子どもがいなくなっても、それほど親は悲しいものだ。では、なぜ、他人の子どもを殺すのか？　あなたは、愛別離苦《あいべつりく》（愛するものと別離する苦しみ）を知ったのだから、あなたと同じ悲しみに苦しむ親たちの気持ちもわかるはずだ」

仏は愛児をあらわしてあげました。

「人の苦しみを我が苦しみと感じた者として、これからその自省の思いを持ち続けていきたいと思います」

ハーリーティーは心の底から誓《ちか》いました。その誓いの気持ちが真実であることをみてとられた世尊は、彼女と約束をしたのです。

「これから後、仏道の実践を行う人を、いつ何時でも護《まも》り続けることを誓いますか？」

ハーリーティーは喜んで誓いました。

このことから、歓喜すなわち、鬼子母《ハーリーティー》は、仏法や仏道修行者を守護する善神と考えられるようになり、『法華経』「陀羅尼品《だらにほん》」第二十六では、十人の羅刹女《らせつにょ》とともに、『法華経』を受持《じゅじ》、読誦《どくじゅ》する者を守護することを誓っています。羅刹とは、梵語《ぼんご》のラークシャサの音《おん》を写したもので、ヤクシャと同じく、インドの民間信仰に登場する人間ならざる霊的存在です。

鬼子母神《きしもじん》は、やがて日本では安産・子育ての善神と考えられるようになりました。

本抄は四条金吾《しじょうきんご》夫妻の娘で、まだ幼かった経王御前《きょうおうごぜん》が病気になった知らせに対して、日蓮が認《したた》めた手紙ですが、ここで、鬼子母神は「子育て」の善神であり、鬼子母神を祭れば、子どもは無病息災《むびょうそくさい》、という一般的に知られた「鬼子母神信仰」は、語っていません。『法華経』に対しての強い信仰のゆえに、金吾夫妻の子どもは護《まも》られるに違いないという、確信を述べたものと受け取れます。残念ながら、後代の日蓮宗各派では、日蓮の心とは反対に鬼子母神を祭り拝む「鬼子母神信仰」が隆盛となってきますが、日蓮の正意は妙法への強き信仰に生きるものこそが、その確信のゆえに、すべての難を見事に乗り越えられるというところにあることは、本抄から明らかです。

6　法華経を強く信ずるものは必ず幸福になれることを教える「皐諦女《こうだいにょ》」の説話

十羅刹女の中にも皐諦《こうだい》女の守護ふかかるべきなり、但し御信心によるべし、つるぎ（剣）なんども・すすまざる（不進）人のためには用る事なし、法華経の剣は信心のけなげ（勇）なる人こそ用る事なれ鬼に・かなぼう（鉄棒）たるべし（経《きょう》王殿御返事《おうどのごへんじ》一一二四頁・七五〇頁）

『法華経』陀羅尼品《だらにほん》のお話です。

釈尊《しゃくそん》の前で、薬王菩薩が神呪《しんじゅ》（特別な言葉）を唱《とな》え、法華経の行者を護《まも》ることを宣言します。続いて、勇施《ゆぜ》菩薩、毘沙門《びしゃもん》、持国《じこく》天が同様に、神呪を唱え、法華経の行者の守護を誓います。すると、羅刹女《らせつにょ》たちが仏の前に現れました。藍婆《らんば》（ランバー）、毘藍婆《びらんば》（ビランバー）、曲歯《こくし》（クータダンティー）、華歯《けし》（プシュパダンティー）、黒歯《こくし》（マクタダンティー）、多髪《たほつ》（ケーシニー）、無厭足《むえんぞく》（アチャラー）、持瓔珞《じようらく》（マーラーダーリー）、皐諦《こうだい》（クンティー）、奪一切衆生精気《だついっさいしゅじょうしょうけ》（サルヴァ・ウジョーハーリー）の十人です。彼女たちは、鬼子母《きしも》（ハーリーティー）とともに、釈尊の前で神呪を唱えて誓《ちか》いました。

「私たちは法華経を受持《じゅじ》・読誦《どくじゅ》する法華経の行者を守護します。また、さまざまな迫害から法華経の行者を防御《ぼうぎょ》します」

さらに「法華経の行者を悩《なや》ませるものは、頭が阿梨樹《ありじゅ》（アルジャカ）の枝のように、七分に割れるであろう」と。

また、さまざまな病気から法華経の行者を守ることも誓いました。釈尊はその誓いを認め、皐諦女をはじめとする羅刹女たちに「皐諦（クンティー）よ、あなたと仲間の人々は法華経の行者を守護すべきである」と、語りかけるのです。

羅刹は、インドの古典語サンスクリットのラークシャサの音《おん》を写したものです。羅刹女は、「ラークシャサ」の女性形、ラークシャシーに当たります。ラークシャサは、インドの民間信仰で、災《わざわ》いをなす神秘的存在でした。ヴェーダ文献において、ラークシャサ（ラークシャシー）は、誕生と死に関する悪魔的な力を有する存在で、流産や死産を引き起こすと考えられていました。ヤクシャ（夜叉《やしゃ》）など、他の魔的存在と同様、仏教に採《と》り入れられて、仏教守護の存在と考えられるようになりました。皐諦女は、この十人の羅刹女の一人です。「クンティー」の名は、インドの大叙事詩《だいじょじし》『マハーバーラタ』にも登場し、インドにおける神聖な家系の代表でした。そういう意味から、十羅刹を代表する存在なのです。

生と死に関する羅刹女の神秘的な力は、仏教において、やがて密教の成立とともに復活し、とくに女性である羅刹女は、出産を司《つかさど》り、女性や子どもを守る存在と考えられるようになりました。そのため日本では「鬼子母神」「十羅刹女」信仰が興隆《こうりゅう》し、それらを拝《おが》めば、安産や子どもの無病息災《むびょうそくさい》がかなうと信じられたのです。日蓮においては、I−5「鬼子母神・十羅刹女」の項目でも述べたように、それらの神々は拝む対象ではありません。法華経の信仰に生きるとき、さまざまな難を乗り越えることができるという確信の大切さを、本抄は「十羅刹女の守護《しゅご》」という形で述べているのです。

7　日蓮は、第六天《だいろくてん》の魔王《まおう》の率《ひき》いる十軍（欲望、嫌悪《けんお》、飢渇《けかち》、妄執《もうしゅう》、怠惰、睡眠《すいみん》、恐怖、頑迷《がんめい》、利益・名声へのむさぼり、自慢《じまん》して軽蔑《けいべつ》する）との戦いに退かなかった

第六天の魔王・十軍のいくさを・をこして・法華経の行者と生死海の海中にして同居穢土《どうこえど》を・とられじ・うばはんと・あらそう（辨殿尼御前御書《べんどのあまごぜんごしょ》一二二四頁・七五二頁）

現実社会が、またそこで生きる私たちの現実の人生が、魔《ま》と仏の熾烈《しれつ》な戦いであるこ

とを教えた一節です。そのような現実世界で、生死の苦悩の大海に漂《ただよ》う民衆を救済するために、立ち上がる法華経の行者には、さまざまな難が押《お》し寄せることは当然であり、まさしく日蓮の一生は迫害《はくがい》につぐ迫害の連続でした。本抄では、その間断《かんだん》なき戦いの途《と》上《じょう》、退転する者が多いなかで、辦殿尼御前が強盛《ごうじょう》な信心を貫いたことが称賛《しょうさん》されています。

第六天とは、古代インドの神話的世界観で、欲界《よっかい》（欲望に満ちあふれた世界で、上は天から下は地獄までからなる輪廻《りんね》する衆生の世界）の最上界にある世界です。仏教はこの神話を換骨奪胎《かんこつだったい》し、そのような世界が実際に存在するのではなく、人々の境涯《きょうがい》のなかにそのような状態があると考えました（一部、説一切有部《せついっさいうぶ》などの部派仏教《ぶはぶっきょう》では、現実にそのような世界が存在すると考えています）。神話的には、他の神々の作り上げた欲望の対象を思うがままに楽しむことができる世界で、他化自在天《たけじざいてん》ともいわれます。すべての欲望を思うがままに追求し、享楽《きょうらく》に耽《ふけ》る生命境涯といえるでしょう。

魔《ま》とは「奪命者《だつみょうしゃ》」ともいわれ、人々から生きる力を奪ってゆく生命状態を譬《たと》えたものです。魔のうちで、もっとも強力なものが、天界の最上階の第六天にいることに注目すべきでしょう。自分だけの欲望を享受《きょうじゅ》する境涯が、人を成仏という真実の幸福からもっとも遠ざけるのです。

十軍とは、この魔王が率《ひき》いる十種の軍勢《ぐんぜい》のことです。欲望、嫌悪《けんお》、飢渇《けかち》、妄執《もうしゅう》、怠惰《たいだ》、睡眠、恐怖、頑迷《がんめい》（怒りとの説もある）、利益・名声を貪《むさぼ》ること、自らを自慢《じまん》して他人を軽蔑《けいべつ》することの十種です。利己的な欲望に耽《ふけ》る生命境涯から派生するさまざまな悪心を譬《たと》えたものといえるでしょう。釈尊の仏伝には、この魔王がしばしば釈尊の成道《じょうどう》やさまざまな決意を阻《はば》んだことが述べられています。例えば、最古の経典である『スッタ・ニパータ』の記述では――。

釈尊が成道前の修行中のこと。魔王が十軍とともに現れ、「火に供物《くもつ》を捧げる儀式《ぎしき》を行い、功徳を積みなさい」と甘言《かんげん》を弄《ろう》しました。釈尊はこの魔の妨害を撃退《げきたい》し、次のように語ります。

「これから、人々を導きながら、国々を遍歴《へんれき》しよう」

人々を救おうとする利他《りた》の心によって、釈尊は魔に打ち克《か》ったのです。

同居穢土《どうこえど》とは、凡聖同居土《ぼんしょうどうこど》ともいい、凡夫と声聞縁覚《しょうもんえんかく》などの聖者が同居する国土という意味で、我々が住む現実世界です。この現実世界は、苦しみと歓《よろこ》び、俗と聖、悪と善に満ちあふれています。しかし、そのような現実を離れて、成仏はないのです。成仏という真実の幸福境涯は、苦しみがなくなること、というより、心を慈悲で満《み》たしながら、苦難に間断《かんだん》なく挑戦《ちょうせん》する瞬間瞬間の輝く境涯《きょうがい》をいうのです。まさに、そのような生涯を日蓮は送ったのです。

8　師・日蓮の正義を信じて鎌倉から流罪先の佐渡までの千里もの危険な道を越えて訪れた婦人に身軽法重《しんきょうほうじゅう》の先例として語った「楽法梵志《ぎょうぼうぼんじ》」の説話

なをいか（如何）にとしてか此功徳をばうべきぞ、楽法梵志《ぎょうぼうぼんじ》・雪山《せっせん》童子等のごとく皮をはぐべきか・身をなぐべきか臂《ひじ》をやくべきか（日妙聖人《にちみょうしょうにん》御書一二一六頁・六四五頁）

『大智度論』第四十九には、次のような本生譚《ほんじょうたん》が出てきます。

釈尊が、前世、仏道修行を重ねる菩薩《ぼさつ》であったときのこと。その菩薩の名前は楽法《ぎょうぼう》といった（「梵志《ぼんじ》」とは、「修行者」という意味）。仏がすでに入滅し、存在しなかった時代である。人々は、仏の善き教えを聞くことができずにいた。楽法は、あらゆる場所に法を求め尽くして、瞬時の懈怠《けたい》もなく、懸命《けんめい》に努力していたが、仏に出会うことも、仏の真実の教えを聞くこともできなかった。

絶望《ぜつぼう》している彼の前に、魔《ま》がバラモンの姿に変化《へんげ》して現れた。

「私は、仏の説かれた一偈《いちげ》を憶《おぼ》えている。しかし、あなたには、それを書き写す紙も筆もない。皮膚《ひふ》を紙にし、骨を筆にし、血を顔料《がんりょう》（墨）にして、私が語る偈《げ》を書き写すほどの志《こころざし》があるのならば、教えてあげよう」

楽法は想《おも》った。

「私は今まで徒《いたずら》に生死を繰《く》り返してきた。しかし、真理を知ることはなく、無駄《むだ》に生死を積み重ねただけだった。今、やっと真理にめぐりあえたのだ。こんなにうれしいことはない。もう、自分がどうなっても構《かま》わない」

楽法は自ら皮を剝《は》ぐと、それを太陽に曝《さら》し、乾《かわ》かし、バラモンの言葉を書きつけようとした。するとバラモンに化作《けさ》していた魔は、ぱっと消えてしまった。そのとき、始《し》終《じゅう》を観《み》ていた仏が、楽法の志を称《たた》えて、地より涌出《ゆじゅつ》し、彼のために真理を説いてくれたのである。

楽法の身体も元のままになっていた。


身の皮を紙とし、骨を筆とし、血を顔料とするというのは、少しショッキングな話ですが、これは、身軽法重《しんきょうほうじゅう》、不惜身命《ふしゃくしんみょう》の実践を譬《たと》えたものです。我が身をいとわず、法を求める求道の志の尊さを述べたものです。

本抄をいただいた婦人に、日蓮はその篤《あつ》い信仰を称え、日妙聖人《にちみょうしょうにん》という称号を贈られています。彼女は、幼子《おさなご》を抱《かか》え、片道千里（五〇〇キロ弱）数週間の道のりを越《こ》えて、佐渡に流罪中の日蓮のもとに行きました。鎌倉幕府による弾圧に耐《た》えかねて、門下の多くが退転していたときです。また、蒙古の襲来の影響で、日本国中が騒然《そうぜん》とし、道中には、野盗《やとう》、追《お》い剝《は》ぎの類《たぐい》が出ることも予想されました。それでも、日妙聖人は、師の正義を信じ、盗賊《とうぞく》などの類が出没《しゅつぼつ》する危険でいっぱいの、数週間の道のりを、純粋《じゅんすい》な求道の思いで乗り越えたのです。

その身軽法重の姿を日蓮は賛嘆《さんたん》し、身軽法重の代表的な先例として、この楽法梵志の説話を語り出したのです。

9　膨大《ぼうだい》な経典の知識よりも、純粋な信仰の実践こそが仏道を得る道と教える「須利槃特《すりはんどく》」の物語

すりはむどく（須梨槃特）は三箇年に十四字を暗《そら》にせざりしかども仏に成りぬ
（三三蔵祈雨事《さんさんぞうきうのこと》一四七二頁・一〇七一頁）

この御書を受け取った西山殿は、駿河の国の西山郷《ごう》を所領とする地頭《じとう》であったといわれています。日蓮に帰依《きえ》する以前は、真言宗《しんごんしゅう》の信者であったと思われます。そういう意

味もあり、本抄では善無畏《ぜんむい》・金剛智《こんごうち》・不空《ふくう》の三人の真言宗の開祖《かいそ》たち、さらには日本の真言宗の開祖の弘法《こうぼう》の名前を挙《あ》げ、彼らの教えは仏教を破壊する迷妄《めいもう》であることを明かしています。

これらの人々は世間の人々からは三蔵《さんぞう》、つまり経《きょう》・律《りつ》・論《ろん》という仏教の教典のすべてに通じた博識《はくしき》の人と尊ばれていました。しかし、日蓮は本抄で、世間からは博識をもって称《たた》えられる彼らが、仏教破壊《はかい》者であることを明かします。そして、むしろ、殺人者であるアングリマーラ（鴦崛摩羅《おうくつまら》）やアジャータサットゥ（アジャータシャトル、阿闍世《あじゃせ》）、そして、このチューラパンタカ（須利槃特）などは、世間から悪人、愚人《ぐにん》と呼ばれる人々であったにもかかわらず、最終的に純粋な信仰により、境涯《きょうがい》を開くことができたことを教示するのです。

須利槃特とは、サンスクリットのチューダパンタカ、パーリ語のチューラパンタカの音《おん》を漢字に写したものです。「チューラ」とは「小さい」という意味、彼には兄がいて「マハーパンタカ」と呼ばれていました。「マハー」は「大きい」という意味です。

『ダンマ・パダ』という経典があります。漢訳の『法句経』に当たります。初期にできた経典ですが、そこに次のような偈《げ》（詩）があります。

無意味な語ばかりの千の言葉を語るより、聴《き》く人の心を平静にしてくれるたった一つの言葉の方が優《すぐ》れている。
無意味な語ばかりの千の詩を誦《しょう》するより、聴く人の心を平静にしてくれるたった一節の詩の方が優れている。

伝承《でんしょう》によれば、この偈は、チューラパンタカに対して与えられたものとされます。『法句経』の偈がどのような由来で説かれたのかを解説する『法句譬喩《ひゆ》経』第二巻に、この偈の由来が書かれています。

釈尊《しゃくそん》が舎衛国《しゃえこく》にいたときのこと。

般特《はんどく》（＝槃特）という名の仏道修行者がいた。まだ、仏道に身を投じて日にちが浅かった。性分愚《おろ》かであった。釈尊は、多くの弟子たちを教育係として般特に教えたのであるが、三年たっても、一偈も覚《おぼ》えることはできなかった。舎衛国《しゃえこく》在住の仏弟子たちは、皆彼が愚かであると思い込んだ。

釈尊は憐《あわ》れんで、般特を前にやさしく次の一偈を与えた。

言葉を慎《つつし》み、心を治《おさ》め、身は非《ひ》を行ってはならない。

このように実践すれば、人々を不動の境涯《きょうがい》へと渡すことができる。

般特は感謝の思いでいっぱいになり、心を開き、一偈を暗記した。釈尊は、その一偈の意味を丁寧《ていねい》に教えた。般特は理解し、そして、他の仏道修行者と同じ聖者となった。

舎衛国に精舎《しょうじゃ》があり、そこでは釈尊の弟子たちが順に教えを説いていた。あるとき、釈尊は槃特に行かせようとした。弟子たちの中の何人かの女性は、そのことを知るとバカにして笑った。

「般特はたった一偈しか教えを知らないのよ。明日、般特が来たら覚えている一偈を、先に人々に説いて、恥《はじ》をかかせてやりましょうよ」

般特がやって来た。彼女たちは一礼《いちれい》した。そしてお互いの顔を見ながら含《ふく》み笑いをした。般特は説法の座《ざ》に立つと、こう言った。

「私は能力《のうりょく》もなく徳も薄《うす》い人間です。年配になってから釈尊の弟子になりました。鈍《どん》で、あまりたくさんのことは知りません。でも、精《せい》いっぱい、私の知るところを語らせていただきます」

般特をバカにしていた人々は、自分の傲慢《ごうまん》さを恥《は》じて、一言《ひとこと》もしゃべれなかった。彼女たちは深く頭を下げて、過《あやま》ちを悔《く》いた。般特は、釈尊が丁寧《ていねい》に教えてくれたことを、一つ一つ丁寧に説いていった。その場で、般特をバカにしていた女性修行者たちは、境《きょう》涯《がい》を開き聖者の仲間入りをした。

別の日、波《は》其《し》匿《のく》（パーリ語「パセーナディ」、サンスクリット「プラセーナジット」）王に釈尊たちは招待《しょうたい》された。般特は門のところで、門番に止《と》められた。

「おまえは釈尊の弟子であるのに、一偈しか覚えられない般特ではないか！　オレは釈尊の弟子ではない俗人《ぞくじん》だが、もっとたくさんの釈尊の教えを知っているぞ！　そのような仏弟子失格のヤツを門から中に入れるわけにはいかない」

宮殿の中でも、波其匿王が般特のことを「愚鈍《ぐどん》で一偈しか覚えられない」と非難していた。しかし、釈尊はこう言った。

「学《まな》ぶことが少なくても、それを実践できる人間が優《すぐ》れています。般特は、一偈ですが、本当にそれを理解し、見事に実践しているのです。人は多く学んでも、本当に理解し、実践していなければ、単に時間を浪費しているだけなのです」

そして、このとき、釈尊が語ったのが先程《さきほど》の『ダンマ・パダ』の偈といわれています。

本抄では、この説話のように、三人の三蔵《さんぞう》は膨大《ぼうだい》な経典の知識を持ちながらも、その心を知らないゆえに、むしろ仏教破壊《はかい》者になった。西山殿の誠実《せいじつ》な実践《じっせん》こそが、仏道を得ることができると教示するのです。

10 私たちは無限の昔から仏であったことを教える「五百塵点劫《ごひゃくじんてんごう》」の譬喩

法華経と申す御経は別の事も候はず我は過去・五百塵点劫《じんでんごう》より先の仏なり……これを信ぜざらん者は無間地獄に堕つべし（清澄寺大衆中八九五頁・一一三五頁）

かつて、日蓮がともに学んだ清澄寺の人々に『法華経《ほけきょう》』のもっとも大切な教えが「久《く》遠実成《おんじつじょう》」であることを示したものです。「久遠実成」とは、『法華経』如来寿量品《にょらいじゅりょうほん》に出てくる法理《ほうり》で、寿量品の文章の表面的意味（文上《もんじょう》といいます）では釈尊《しゃくそん》が久遠《くおん》の昔から仏であったことです。それが意味するところ（文底《もんてい》といいます）は、「仏」とは、仏道修行の結果、得ることができるものではなく、もともと我々の生命のなかに備《そな》わった尊極《そんごく》の境涯《きょうがい》であるということです。

日蓮が「（久遠実成の）成《じょう》とは開《ひら》く義《ぎ》」（七五三頁）と示したように、「成仏」とは「仏に成《な》る」ことではなく、「尊極の生命が自分にあることに目覚《めざ》める」ことです。これが「久遠実成」が意味することといえましょう。この「久遠実成」を顕《あらわ》すところで、「五百塵点劫」が出てきます。

五百千万億という膨大な数の三千大千世界をすべてまとめ、微塵《みじん》（物質の最小単位で、物理学でいえば原子のようなものです）にまですりつぶし、東に向かって進みます。五百千万億の三千大千世界というこれまた厖大な距離《きょり》だけ進んだときに、その微塵のうち、ほんの一粒《ひとつぶ》だけを落とします。さらに、五百千万億の三千大千世界進んだところで、二つ目の微塵を落とします。そして、また……。

微塵がすべてなくなったところで、それを落とした五百千万億の三千大千世界も、落としていないところも、すべてまた一つにまとめて微塵になるまですりつぶします。その数と「劫《こう》」をかけた数が五百塵点劫です。劫とは、諸説ありますが、例えば、一辺四里の岩山を、天女が三千年に一度降りてきて、衣で岩山をさっと撫《な》でるのです。そして天に帰っていきます。そして、衣でこすられて岩山がなくなるまでの期間が「一劫」です。

いずれにしても、想像《そうぞう》を絶《ぜっ》する数です。中国の法雲《ほううん》は、五百塵点劫を実際の寿命《じゅみょう》と考えました。確かに、それは想像を絶する大数《たいすう》ですが、始まりがあります。それで法雲は、「仏の生命が永遠である」と明確に説いている『涅槃経《ねはんきょう》』こそが、『法華経』よりも優《すぐ》れていると考えたのです。それに対して、鳩摩羅什《くまらじゅう》の弟子たちは、この五百塵点劫は「無《む》限《げん》・永遠」を表していると主張しました。

直接「無限」というより、想像を絶する譬喩《ひゆ》で表す方が、「無限」が実感できるのではないでしょうか。その意味で羅什派の考えが正しいといえるでしょう。

11　仏教の極理を七つの譬え（法華七譬《ほっけしちひ》）をはじめ、多くの譬喩を通して語った法華経

「法華経の七つの譬《たと》え」（法華七譬《ほっけしちひ》）を取り上げたいと思います。『法華経』の法理に対して、天台大師は「十界《じっかい》」「十界互具《ごぐ》」「一念三千」「煩悩即《ぼんのうそく》菩提《ぼだい》」などの名前を与えましたが、『法華経』にはその言葉自体は出てきません。大乗経典の特徴であり、特に『法華経』に顕著《けんちょ》なのですが、経典自体には、教理《きょうり》的な用語はほとんど登場しないのです。

　それは多くの大乗経典が、譬喩《ひゆ》や物語をまじえ、民衆にわかりやすい言葉で語るという意図をもって創造されたからにほかなりません。西暦でいえば紀元前後に、それまで

のアビダルマ仏教（部派仏教《ぶはぶっきょう》）と呼ばれる、現実世界から遠い僧院《そういん》の中で、教えの研究にのみ打ち込む、出家中心の仏教の流れを批判して生まれたのが、大乗仏教《だいじょう》でした。「民衆救済という釈尊《しゃくそん》の実践《じっせん》を忘れているのではないのか？　釈尊の時代に戻れ！」と、誕生《たんじょう》した仏教改革運動が、大乗仏教であり、その意志によって作られたのが多くの大乗経典だからです（大乗経典のうちには、その最初の志を忘れ、再び僧院にこもった出家者たちによって、かなり後代に作られたものもあります）。

とくに、『法華経』にはたくさんの譬喩が出てきます。まさにそこに『法華経』が「大乗仏教の精髄《せいずい》」と呼ばれる理由があります。先に見た「五百塵点劫《ごひゃくじんてんごう》」もその一つです。特に、「法華七譬」と呼ばれる七つの喩《たと》えは有名です。以下にそれを見ていきましょう（詳しくは、菅野博史『法華経の七つの譬喩』〈第三文明社〉などを参照してください）。

12 声聞・縁覚・菩薩という生き方を求めていけば仏という悟りの境涯を手にすることができると説く「三車火宅」の譬喩《ひゆ》（法華経・譬喩品第三）

御義口伝に云く一門とは法華経の信心なり車とは法華経なり牛とは南無妙法蓮華経なり宅とは煩悩なり（御義口伝七二四頁・二六二六頁）

ある国のある村のある集落に、たいそうな資産家がいた。高齢で裕福で、広大な邸宅《ていたく》を持っていた。しかし、門は狭いものが一つしかなかった。建物は老朽《ろうきゅう》化《か》し、荒れ果て、土塀《どべい》は崩《くず》れかけ、柱は腐《くさ》っていた。

ある日、家の周囲から同時に火事が起こり、邸宅にも火がついた。邸宅の中には、資産家の子どもたちがたくさんいたが、皆、遊びに夢中であった。

資産家は子どもたちに叫ぶが、遊びに夢中な子どもたちは、まったく気がつかない。また、気づいても、火事が何かわからない。

資産家は、「巧《たく》みな手だて（ウパーヤカウシャリヤ、方便《ほうべん》）」を思いついた。子どもたちが、それぞれ珍《めずら》しいおもちゃに愛着《あいちゃく》する心があることを思い出し、直接「火事」と言わずに、「それぞれの好きな、羊《ひつじ》の引く車、鹿《しか》の引く車、牛の引く車が外にあるよー。見に来てごらん。そしてそれで遊びなさーい」と呼びかけたのです。

子どもたちは、父親の言葉が自分たちそれぞれの好みに合っていたので、走って外に出てきた。そして父親に、それぞれが好きな「羊車《ようしゃ》はどこ？」「鹿車《ろくしゃ》はどこ？」「牛車《ごしゃ》はどこ？」とたずねた。すると父は助かった子どもたちに、立派な宝石で飾られた大白《だいびゃく》牛車を与えた。

「火宅《かたく》」とは、この現実の世界のことです。子どもは、凡夫《ぼんぷ》。私たちは、この世界が欲望の火で火事になっていることを知らず、欲望に耽溺《たんでき》するのです。資産家が方便として語った「羊車」「鹿車」「牛車」は、それぞれの人々の欲望への執着心《しゅうちゃく》を認めたうえで、それを利用する形で説かれた「声聞《しょうもん》」「縁覚《えんかく》」「菩薩《ぼさつ》」の教えです。最初から、自他《じた》の心の中に仏がある、それを自覚することが苦悩《くのう》からの解放である、と説くのではなく、「声聞」「縁覚」「菩薩」という生き方を求めていけば、将来、悟《さと》りという目標を手にすることができると説いたのです。そして、そのようにして、欲望から脱出させておいて、『法華経』では、凡夫そのものの生命の中に仏の境涯《きょうがい》がある、と説くのです。

13 衆生は皆、仏と同じ仏の子であると説いた「長者窮子《ちょうじゃぐうじ》」の譬喩（法華経・信解品《しんげほん》第四）

ある一人の男が、幼いときに、資産家の父の家から出て、十年、二十年、五十年と、他国に遍歴《へんれき》し、困窮《こんきゅう》の暮らしをしていた。遍歴するうち、知らず知らず、故郷に近づき帰ってきた。

父親は外国との商取引で、さらに資産を増やして、財宝が計り知れぬほど貯《た》まっていた。子は、日雇《ひやと》いの仕事をしながら、流れ流れて父の家にやってきた。父と知らず、その家の主人の様子を垣間《かいま》見ると、宝物で飾られた部屋で、バラモンやクシャトリヤ（王《おう》族《ぞく》）などに、尊敬されていた。立派な姿に畏《おそ》れをなした男は、逃げ去ってしまった。しかし、父は息子であることに気づいていた。すぐに使いをやって屋敷《やしき》に来るように言っても、男は「自分などがうろうろして、のぞいたので、きっと怒《いか》りを買い、私は殺されると、気を失うありさまであった。

そこで、父親はわざと使用人に貧《まず》しい格好《かっこう》をさせて、息子のもとに行かせた。「あの家で汚物《おぶつ》の清掃をする人間を雇《やと》いたいと言っているらしい。普通の倍ぐらいの金がもうかるぞ」という言葉に、男は屋敷に行ってみることにした。

男は働いた。真面目《まじめ》に働いた。あるとき、資産家は自らわざと貧しい身なりをして、息子に近づいた。そして何年もかかって、親子のような（まだ実の親子の名乗《なの》りはしていない）信頼関係を結んだ。息子の心も、かなり大きく広くなった。

あるとき、父親は自分の本当の財産を示し「お前は信頼できる人間だ。今、私とお前は同じ境涯だ」と言った。子は資産の管理は了解《りょうかい》したが、自分の資産であることは、まだ、知らないままであった。

また時が経過した。資産家は、子の心が次第次第に大きくなり、また過去の自分の境涯《きょうがい》が小さかったことに気づいた様子であることを知った。そして、臨終《りんじゅう》のときにあたって、親族、国王、大臣《だいじん》、王族《おうぞく》などが見ている前で、「この子は、実は私の子なのです。私の持っている財産はすべてこの子のものです」と宣言《せんげん》した。そして、子はそのとき、心が晴れ晴れと大きくなっているのを感じた。そして、「私はこの財宝を欲したわけではなかったのに、求めずして自然に自分のものとなった。本当にありがたい」と感謝した。

『法華経』信解品《しんげほん》の直接的な意味では、「窮子《ぐうじ》」は声聞《しょうもん》と呼ばれている十大弟子などの釈尊《しゃくそん》の直接的な弟子（歴史上実在した）のことです。意味を広げると、我々衆生のことでしょう。声聞（一切衆生）は本来仏子《ぶっし》であり、仏と同じ境涯《きょうがい》を本来持っているはずなのに、自分は仏ではないと思い込んでいるのです。そこで、仏は長い間、さまざまな方法で教化《きょうけ》して、『法華経』で、仏子であることを教えるのです。つまり、仏の本心、仏教の精髄《せいずい》は、皆が仏と同じ境涯の仏の子であり、それは『法華経』で説かれるのです。

14 仏は説く法は異なっても目的はすべての人を仏にすることであるという「三草二木《さんそうにもく》」の譬喩（法華経・薬草喩品《やくそうゆほん》第五）

三千大千世界には、山や河や谷や平地があり、さまざまな草、大樹や薬草が生《お》い茂《しげ》っている。名前も形もそれぞれ異なっている。

あるとき、空に分厚い雲がわき立ち、三千大千世界を覆《おお》い、等《ひと》しく雨を降らせた。雨は、草や樹木《じゅもく》や薬草《やくそう》の、小さなものも中くらいのものも、大きなものも、ことごとく潤《うるお》す。もろもろの樹木は、その大小、上中下の違いによって、それぞれ異なった雨の利益《りやく》を得る。

一つの雲のもたらした利益であるが、草木はその性質によって、違う成長を見せ、違う花を咲かせ、違う木の実を結ぶ。同じ大地に育ち、同じ雨の恵《めぐ》みを得ても、それぞれ違いがある。

これは、仏の説法の目的は同一・平等であり、苦しみから解放しようとしているが、仏は、衆生のさまざまな性質に応じて、さまざまな説法をすることができるという譬喩《ひゆ》です。しかし、説法とその結果の衆生の境涯は異なっているように見えても、最終的な目標は、すべての人々を自分（仏）と同じ境涯にすることなのです。多様性と平等性が見事に融合《ゆうごう》した譬喩です。

15 仏は衆生に応じて、その都度《つど》、方便《ほうべん》で最適な教えを説きながら一仏乗《いちぶつじょう》に導いていくことを示した「化城宝処《けじょうほうしょ》」の譬喩（法華経・化城喩品第七）

五百由旬《ゆじゅん》（由旬はサンスクリットの「ヨージャナ」の音《おん》を漢語に写したもので、一ヨージャナは、計算法によって異なるが、十キロメートルから十五キロメートルぐらいの距離）の険《けわ》しく難関の多い道があった。ときに、一人のキャラバン（隊商）のリーダーがいて、智慧《ちえ》が優《すぐ》れ、地理にも詳《くわ》しかった。

しかし、後《あと》の人々はすっかり疲れてしまい、「もう、前に進む気はありません。疲《つか》れ果《は》てしまいました。もう私たちは帰ります」と言うのである。

そこで、リーダーは可哀想《かわいそう》に思い、巧《たく》みな方法（方便《ほうべん》）を用いる力があったので、道の半《なか》ばを過ぎた三百由旬の辺《あた》りに、一つの城の姿を、神通力《じんずうりき》で皆に見せた。

皆はそれを目標に進んだ。そして、化城《けじょう》（幻として作られた城）に入り、休息し体力も回復した。そのとき、リーダーは化城を消し去り、「さあ、皆さん出発しましょう。宝処《ほうしょ》はすぐそこにあります。先程《さきほど》の城は私が方便として化作《けさ》したものです。もう必要ないでしょう」と語った。

皆は、元気いっぱいに目的地に進んでいった。

理想を目指《めざ》しながら、現実の一歩一歩を大切にするという、個人の人生においても、社会的な運動においても、一つのあるべき姿を語る譬喩《ひゆ》です。直接は、仏が一仏乗《いちぶつじょう》を目指しつつも、人々の宗教的能力に応じて、その都度《つど》、方便で最適な教えを教えながら、一仏乗に導いていくことの譬《たと》えです。

16 私たちは本来、無価《むげ》の尊極の生命を持つ存在であることを説いた「貧人繋珠《ひんにんけいしゅ》」の譬喩（法華経・五百弟子受記品《ごひゃくでしじゅきほん》第八）。「衣裏珠《えりじゅ》の譬《たとえ》」ともいわれる

ある人が親友の家でもてなしを受け、酒に酔《よ》って眠ってしまった。親友は友人が眠っている間に公用で出かけなくてはならなくなってしまったので、友人の衣服の裏《うら》に無価《むげ》の（＝値が付けられないほど貴重な）宝石を縫《ぬ》い込んでから出かけることにした。しかし、酔いつぶれて眠っていた人は、目が覚めた後も宝石に気づかなかった。彼は、そのまま放浪の旅に出た。貧《まず》しく、衣食にも事欠くありさまとなった。

その後、たまたま二人は再会する。親友はみすぼらしい姿の友人を見て驚き、自分がかつて安心し満足して暮らせるよう衣の裏に宝石を縫いつけておいたことを教えた。貧乏な友人はその宝石を見つけて、歓喜し、不自由ない境涯となった。

衣裏の宝石（衣裏珠《えりじゅ》）とはすべての人が持っている仏性《ぶっしょう》です。貧乏な人とは自分自身の生命に仏界があることに気づかない人、宝石を縫いつけた親友は仏のことを譬《たと》えています。私たちは、本来、無価の尊極の生命を持った存在なのです。しかし、そのことに気づかず、低い価値のものに執着し、人生を放浪してしまうのです。

17 転輪聖王《てんりんじょうおう》は戦いにおいてもっとも勲功《くんこう》のあった者に髻《もとどり》の中の宝を与えた。この宝とは法華経であり、真実の教えを今から語り出すことを表す「髻中明珠《けいちゅうめいしゅ》」の譬喩（法華経・安楽行品第十四《あんらくぎょうほん》）

転輪聖王《てんりんじょうおう》は、強大な威勢によって諸国を降伏《こうふく》させようと思っていた。彼は命令に従わない王がいると、部下を率《ひき》いて戦い、その国を降伏させていった。

部下が戦いで功績をあげたのを知ると大いに喜んで、その功績の大きさに随《したが》って褒賞《ほうしょう》を与えた。城や領地、立派な服や装身具《そうしんぐ》、金銀や宝石など、さまざまな財宝を分け与えたが、ただ一つ、自分の髻《もとどり》（頭の上で髪の毛を束《たば》ねたところ）の中に隠しておいた最高に価値のある宝珠《ほうしゅ》だけ誰にも与えることがなかった。

ところが、強敵と戦い、最高の勲功《くんこう》がある者を見たとき、これまで決して与えることのなかった髻の中の宝珠を与えるのである。

髻の中の宝珠とは『法華経』であり、『法華経』こそが仏の最奥《さいおう》、最高の教えであり、それが今から語り出されるということを譬《たと》えたものです。

18 釈尊は死んだが、永遠の仏は厳然《げんぜん》と存在することを教えた「良医病子《りょういびょうし》」の譬喩〈法華経・如来寿量品第十六《にょらいじゅりょうほん》〉

薬を作り、病を治すことに秀《ひい》でた一人の名医がいた。彼にはたくさんの子どもがいた。あるとき、父の名医の留守中に、子どもたちは他人がすすめる毒薬を飲んだ。神経性の毒薬なので、死には至らないが、苦しさはすさまじく、子どもたちはもがき苦《くる》しんでいた。

そこに、名医が戻《もど》って、そのありさまを見て、すぐに良薬を調合して与えた。子どもたちのなかで本心《ほんしん》を失っていない子は良薬を飲んで治ったが、毒気《どっけ》のため本心を失った子は、薬を見てもよくない薬であると疑《うたが》って飲もうとしなかった。

そこで名医は一つの巧《たく》みな手だて（方便《ほうべん》）を思いついた。

「この薬を置いておくから取って飲みなさい」と言い残して他国へ行った。

父は、使者を子どもたちのところへ遣《つか》わした。

なんと使者は「お父さんは亡くなった」と言う。

このとき、本心を失った子どもたちも、父の死を聞いて嘆《なげ》き悲しみ、毒気から醒《さ》めて、残された良薬を飲んで病気を治すことができた。父はこのことを知るとすぐに子どもたちのところへ帰ってきた。

この譬《たと》えは、釈尊（名医）が、誤《あやま》った教え（毒薬）によって苦しんでいる衆生（子ども）を仏の教え（良薬）によって救うことを示されています。また、仏の教えを知っても信心を起こせない（本心を失った）衆生のために、釈尊は方便の力をもって死の姿を表します。歴史上の実在の釈尊が死んでしまったという現実と、『法華経』の「永遠の仏（奥底で意味するところはもともと存在する仏界）」の教えの整合性《せいごうせい》を、「方便現涅槃《ほうべんげんねはん》」という形で取るとともに、仏がいないという危機的な現実を、仏の慈悲は厳《げん》として満ちているという希望へと、逆転させているのです。

II　生活の中の信仰

1　法華経を弘《ひろ》めようとすると必ず三類の敵人が現れる。そのなかでもっとも強敵なのが「三衣一鉢《さんえいっぱつ》」の姿をした僧である

三には阿練若《あれんにゃ》の僧なり此の僧は極めて貴き相《そう》を形《かたち》に顕し三衣《え》・一鉢《ぱつ》を帯して山林の閑《しず》かなる所に籠《こも》り居て在世の羅漢《らかん》の如く諸人に貴まれ仏の如く万人に仰がれて

（法華初心成仏抄五五六頁・一四三二頁）

法華経の行者を迫害する三類の強敵《ごうてき》のうち、第三類、僭聖増上慢《せんしょうぞうじょうまん》について述べてい

ます。

『法華経』「勧持品」には、仏滅後悪世に、法華経を弘《ひろ》めようとする人間を迫害する人々について記《しる》されています。中国の天台宗の中興《ちゅうこう》の祖《そ》といわれる妙楽大師湛然《みょうらくだいしたんねん》は、その該当《がいとう》部分を三つに区分し、迫害を加える三種類の人間を描き出しました。

一種めは、仏教のことを知らない世間一般の大衆が、法華経の行者を迫害するというもので、妙楽は「俗衆《ぞくしゅう》増上慢」と名づけています。

二種めは、「道門増上慢」で、仏道に従《じゅう》するにもかかわらず、精進《しょうじん》を続ける姿勢を忘れ、自分は修行を完成したと思い込む輩《やから》です。

三種めの、「僭聖増上慢」は、二種めのように、中途半端な仏道修行者ではなく、外見は質素な生活の聖僧《せいそう》を装《よそお》い、人寂《ひとさび》しい山林に交《まじ》わり、世俗の欲望を断っているかに見えるため、人々から尊敬される存在です。が、心中は欲望で満たされ、人々からの尊敬を得るための手段として、これみよがしに質素な生活を送るのです。

三衣《さんえ》とは、出家修行者が着る三種類の衣、サンガーティー（大衣《だいえ》）、ウッタラーサンガ（上衣）、アンタラヴァーサカ（下衣）のことをいいます。本来、出家は「小欲知足《しょうよくちそく》」を旨《むね》とするため、この三種の衣と、托鉢《たくはつ》用の粗末な鉢《はち》、藁《わら》などで編《あ》んだ座具《ざぐ》、飲み水に虫などが入らないようにする水濾《みずこ》しの六種の生活用具（六具）以外は、私有することを自ら禁《きん》じていました。とくに、衣と鉢は、出家の質素な生活の象徴《しょうちょう》でしたので、「三衣一鉢《さんえいっぱつ》」は出家生活、また出家自体の代名詞でもありました。親や師匠の遺訓《いくん》や遺産を守ることを「衣鉢《えはつ》を継《つ》ぐ」といいますが、この三衣一鉢から来た言葉です。

三衣すなわち、サンガーティー、ウッタラーサンガ、アンタラヴァーサカは、何もとくに出家者が着ていた特別な衣服ではなく、当時のインドの人々が普通に着ていた衣服です。アンタラヴァーサカは、ズボンに当たり、ウッタラーサンガはシャツやブラウス、サンガーティーはその上に羽織《はお》る上着です。ただ、出家者の着する三衣は、「袈裟《けさ》」でなければならないとされていました。「袈裟」とは、インドの古典語サンスクリットの「カシャーヤ」の音を中国で漢字に写したものです。今の日本では僧衣の上に着けるものを袈裟といいますが、本来「カシャーヤ」とは、「汚《よご》れた布《ぬの》」という意味です。釈尊当時のインドで、もっとも貧しくもっとも虐《しいた》げられた人々が、ごみ捨て場などにうち捨てられていた「カシャーヤ」を着ることを余儀《よぎ》なくされていたのです。「三衣」が「袈裟」でなければならないとは、出家修行者が着る服は、このもっとも貧しい人々と同じでなければならない、ということで、まさに、釈尊や弟子たちが、もっとも悩める人とともに生きた証拠です。王子であった釈尊は、王宮の生活を捨てたとき、王子の衣服も脱《ぬ》ぎ捨て、この貧しき衣《ころも》をまとったのです。以来、釈尊の出家弟子たちは、このカシャーヤでできた三衣を着していたのです。

釈尊に反逆した提婆達多《だいばだった》は、釈尊の教団を破壊しようとしたとき、自分がこの粗末《そまつ》な三衣を着し、粗末な鉢で托鉢《たくはつ》に勤《いそ》しんでいる聖僧であることをことさら強調しますが、まさしくこれは僭聖増上慢そのものの、民衆との共生どころか、外見を聖僧然《ぜん》に繕《つくろ》う姿であり、その実は阿闍世《あじゃせ》王子に近づき、権力を得ようとしていたのです。

本抄では、仏法を行ずる人が迫害されるのはおかしいではないかという問いに対して、『法華経』「勧持品」に出てくる三類の強敵、とりわけ、僭聖増上慢を挙《あ》げながら、法華経の行者への迫害は必然であることを示しています。

2　邪悪《じゃあく》な者を師とするなら弟子も罪から逃れられないことを教える「提婆達多《だいばだった》と阿闍世王《あじゃせおう》」の故事

提婆《だいば》が教主釈尊の身より血を出し阿闍世《あじゃせ》王の彼の人を師として現罰に値《あ》いし（諫暁八幡抄五八三頁・一八四一頁）

提婆《だいば》とは、ここではサンスクリットのデーヴァダッタの音写「提婆達多《だいばだった》」の略です。仏典で、「提婆」とある場合、必ずしもデーヴァダッタと決まったわけではなく、デーヴァダッタのほかに、「大天」や「摩訶《まか》提婆」と記されるマハーデーヴァ（部派仏教のうち、革新的な教えを説いた大衆部《だいしゅぶ》系の論師）、大乗の大論師で、竜樹の弟子アールヤデーヴァ（聖天）などがあります。

提婆達多《だいばだった》は、釈尊の弟子の一人で、後に師をうらぎり、剰《あまつさ》え師を殺害しようとした人物です。彼の悪行《あくぎょう》については、説一切有部《せついっさいうぶ》というインド仏教の学派が伝える律《りつ》のなかの「破僧事《はそうじ》（教団破壊）」の十三巻など、多くの仏典に出てきます。

提婆達多は、釈尊と同じく釈迦《しゃか》族の高い階級の出身でした。釈尊が王子の位を捨てて出家し、後に偉大な宗教者として、故郷に帰ったとき、その姿に感動し、提婆達多もそれまでの高い身分の生活を捨てて、出家しました。

最初、彼はまじめに修行に励んでいました。しかし、コーサンビーという国で、人々が釈尊と弟子たちを尊敬し集ってきたとき、彼は人々から無視されました。コーサンビーは、革新的気風《きふう》に富む地域。人々は議論好きで、あいまいな妥協《だきょう》や権威を嫌《きら》う気風であったとされます。コーサンビーの人々は提婆達多の権威《けんい》的な本質を見抜いて、彼を尊敬しなかったのでしょう。

嫉妬《しっと》に駆《か》られたデーヴァダッタは、マガダ国のアジャータサットゥ（パーリ語よみ、サンスクリットではアジャータシャトル、阿闍世のこと）王子に近づきました。王子はだまされ、デーヴァダッタに帰依《きえ》することとなりました。

デーヴァダッタは、凶暴《きょうぼう》な象《ぞう》をけしかけて、釈尊を踏《ふ》み殺させようとしたり、山の上から大きな石を落としたり、次から次へと、さまざまな奸計《かんけい》をめぐらします。釈尊は難を逃《のが》れますが、大きな石を落とされたときには、その破片により傷を負《お》ってしまいます（これが「教主釈尊の身より血を出し」と述べられていることです）。また、彼は、さまざまな方法で、教団破壊を企《くわだ》てます。このような悪逆非道を繰り返した提婆達多は、生きながら地獄の苦しみを受けることになります。

『法華経』「提婆達多品」において、提婆達多は悪人成仏の実証として、天王如来の記別《きべつ》（未来に仏となることを釈尊から保証されること）を受けます。もちろん、これは悪逆の提婆達多が悪行を続けたまま仏になるという意味ではなく、妙法の偉大さを述べたものです。

本抄では日蓮在世当時の人々が、「経の王」である『法華経』を捨てて、それ以前の経に執着するありさまを、アジャータサットゥがデーヴァダッタを師としたことに譬《たと》えています。邪悪《じゃあく》な者を師とするならば、弟子も罪は逃れられません。この例として、阿闍世王とデーヴァダッタが挙《あ》げられ、邪師に従い、正師である日蓮を用いないどころか、迫害まで加えた当時の鎌倉の人々の罪を嘆《なげ》いています。

3　人間に生まれ、会いがたき「南無妙法蓮華経」に出会える喜びを譬《たと》える「優曇華《うどんげ》・一眼《いちげん》の亀《かめ》」の説話

さればこの経に値いたてまつる事をば三千年に一度華さく優曇華《うどんげ》・無量無辺劫に一度値《あ》うなる一眼の亀にもたとへたり〈法華経題目抄九四一頁・三九四頁〉

ここでの「経」とは『法華経』二十八品ではなく、当抄の主題通り、法華経の題目、

つまり南無妙法蓮華経のことです。優曇《うどん》の華《はな》（花）が三千年に一度咲くことも、一眼《いちげん》の亀が大海で浮き木に会うことも、実現が非常に困難な、稀有《けう》の出来事です。人間として生まれて妙法に出会えることは、譬《たと》えてみれば、それほど稀有のことなのです。そのことを、「感謝する心」が大切であることを教えられた文です。

優曇華とは、梵語《ぼんご》のウドンバーラの木の華のことです。ウドンバーラは幹《みき》の直径が三メートルほどにも達する大木で、スモモやウメほどの実がブドウのように房《ふさ》なりになります。花は咲くのですが、花托《かたく》がそのまま果実を作るので、花はその花托の中に覆《おお》いつつまれているため、花がめったに咲かない木と思われ、そこで「三千年に一度咲く優曇《うどん》華《げ》」の伝説が生まれたのです。

「一眼の亀の譬え」は「盲亀浮木《もうきふぼく》の譬え」ともいわれ、漢訳仏典にしばしば登場し、「優曇華」とともに「稀有《けう》な出来事」「貴重な出来事」を表す譬喩《ひゆ》として用いられます。

この譬えの古い形は『テーリー・ガーター』というゴータマ・ブッダの女性の弟子たちの言行録の中に出てきます。

「大河の東の方に浮かんでいる盲目の亀が、西から流れてくる軛《くびき》の穴に、頭を突っ込むという話を思い出してください。人身はそれほど得難《えがた》いことを示す譬えです」（第五〇〇偈）

仏教が始まった地域は、東から西に流れるガンジス川の中下流ですから、東は河口近くでまるで海のようになります。

この河口にいる亀（しかも、盲目です）が、上流から流れてきた軛《くびき》（木でできた車輪の一部）の穴に当たることはまずありえないことです。それと同じように、人として生まれあわせたことは稀有《けう》なことであるというのです。

もちろん、それは他の動物に比べて人間が優《すぐ》れているから、他の動物に対して傲慢《ごうまん》に振《ふ》る舞《ま》えということではありません。人として生まれたことに感謝しなければならないという意味です。

二世紀ごろに活躍したインドの傑出《けっしゅつ》した仏教詩人マートリチェータはゴータマ・ブッダに捧《ささ》げた詩のなかで、こう記しています。

「盲亀浮木とたとえようか
生まれにくい人間によくぞ私は生まれてきた
人間だから
こよなき法のよろこびを受けることができるのだ
だから（中略）
言葉を実のあるものにしてみたい」（百五十讃）

人として生まれ、会いがたき仏法に出会ったことを感謝し、その仏法に出会えた喜びを他にも広めてゆくべきであると、本抄では述べているのです。

4　慢心《まんしん》の人は、いざというときに臆病《おくびょう》になることを教える「修羅《しゅら》と帝釈《たいしゃく》の戦い」の寓話《ぐうわ》

例せば修羅《しゅら》のおごり帝釈《たいしゃく》にせ（責）められて無熱池《むねっち》の蓮《はちす》の中に小身と成て隠れしが如し（佐渡《さど》御書九五七頁・六一二頁）

この一節の前には、仏教が雑乱《ぞうらん》し邪法《じゃほう》の僧侶《そうりょ》らが悪王と結託《けったく》して、真実の仏教を弘《ひろ》める人を迫害するような時代には、獅子王《ししおう》のような心を持った人こそ、必ず仏になる、と述べています。まさに、その言葉通りの生涯を日蓮は送りました。その意味から、次い

で「例せば日蓮が如《ごと》し」と述べています。しかし、当時の人々のなかには、その日蓮の姿を見て、「自讃《じさん》」（＝威張ること、自慢すること）と批判する人もいたのです。

この一節は、日蓮の言葉が「自讃」ではないことを「修羅《しゅら》」の譬《たと》えで示したものです。威張《いば》る人、自慢する人は、いざというとき臆病《おくびょう》です。威張るということは、本当の自分の能力以上に見せようとすることであり、自分の能力に確信がなく不安なので、他に対して威張り、自慢することにより、不安を解消しようとするのです。その譬えとして「修羅」が用いられています。

修羅とはインドの神話・伝説上の存在、アスラ（阿修羅《あしゅら》）のことです。もともとは、神の一つでしたが、時代がくだるにつれて、神々と戦う魔神《まじん》の類《たぐい》と考えられるようになりました。仏教では、他よりも優越《ゆうえつ》したいという「勝他《しょうた》の念」、自分よりすぐれている他に対する「嫉妬《しっと》」の象徴として、アスラは用いられています。

インドの神話・伝説でアスラはインドラ（帝釈天《たいしゃくてん》）を中心とした神々と戦闘《せんとう》を繰《く》り返しているとされています。「修羅場《しゅらば》」という言葉はここから来ました。

初期の仏典『サンユッタ・ニカーヤ』の第一集第十一篇には、次のような寓話《ぐうわ》が記されています。

昔、神々とアスラたちの戦争が熾烈《しれつ》を極めていた。ある戦闘で帝釈たちが負けてしまい、北に向かって敗走した。勝ち誇《ほこ》るアスラたち。

敗走する戦車に乗っていた帝釈が、突然言った。

「目の前の林に鳥の巣がある。このまま戦車を走らせては、鳥の巣を壊《こわ》してしまうことになる。引き返そう。鳥たちから巣を奪《うば》うよりは、阿修羅に命を奪われた方がよい」

戦車は引き返した。

猛烈《もうれつ》な勢いで戻ってくる帝釈たちを見たアスラは、恐れおののき、慌《あわ》てて自分たちの都へと引き返していった。

この伝承の変化した形として『今昔物語集《こんじゃくものがたり》』の巻一（「帝釈、修羅と合戦せること」）

には、「鳥の巣」のかわりに蟻《あり》の行列を見た帝釈が車の向きを変えると、慌《あわ》てふためいたアスラが、「逃《に》げ返りて蓮《はす》の穴に籠《こも》りぬ」と述べられています。

いずれにしろ、傲《おご》りと臆病《おくびょう》の極端に振《ふ》れるのがアスラです。それゆえに、日蓮は、真実の誇《ほこ》りをもって生きる人は、危険が迫《せま》っても堂々《どうどう》としているが、慢心《まんしん》の人は、いざというときに臆病になることを譬《たと》える際、このアスラを使ったと解釈できます。

5　麗《うるわ》しい和合の集団を破壊《はかい》するという重罪（破和合僧《はわごうそう》）を犯した、頑迷《がんめい》な出家修行者「勝意比丘《しょういびく》」と「大天《だいてん》」

過去の謗法を案ずるに誰かしる勝意比丘が魂にもや大天が神《たましい》にもや（佐渡御書　九五八頁・六一四頁）

日蓮は、「佐渡御書」で、迫害に遭《あ》った原因について、自身の過去の謗法《ほうぼう》を挙《あ》げています。もちろん、それは深い宗教的自省《じせい》の言葉です。私たちが、その文を読むとき、そのような過去の謗法が、日蓮に「事実」としてあった、と文字通りに読むのではなく、その深い意味を考えることが大切でしょう。

この文に続いて、「佐渡御書」の文脈は、もし、難に遭うことが過去の謗法のゆえであるならば、逆に、今、法を護《まも》るならば難を乗り越えることができる、と展開していきます。つまり、過去が問題ではなく、今「護法」に生きることの大切さを叫んでいるのです。ここで謗法を犯《おか》した人物の代表として挙げられているのが、勝意比丘《しょういびく》と大天《だいてん》です。

勝意比丘は、『諸法無行経《しょほうむぎょうきょう》』の下巻に登場します。

『諸法無行経』は、苦悩に満《み》ちた現実と別のところに仏の道はない、と説く経典で、『法華経』の娑婆即寂光《しゃばそくじゃっこう》、九界即仏界の法理と通じるため、日本天台宗の開祖《かいそ》・伝教大師《でんぎょうだいし》はこの経を重視しました。

『諸法無行経』の記述によると、勝意比丘は、非常に厳格《げんかく》に戒律《かいりつ》の順守《じゅんしゅ》に執着《しゅうじゃく》し、人々が少しでも戒律を犯《おか》したときには、厳《きび》しく指摘ばかりしていました。

そういう彼の前に現れたのが、喜根菩薩《きこんぼさつ》です。喜根菩薩は、現実のなかで、ときには過《あやま》ちもしながらも必死に生きてゆく凡夫《ぼんぷ》の生き方を離れて、仏道も仏の智慧《ちえ》もない、と説いたのです。しかし、勝意比丘は喜根菩薩を誹《そし》りました。そのときに、大地が裂《さ》け勝意はその裂け目に飲み込まれてしまいました。

勝意比丘は、実在した人物ではなく、釈尊滅後の頑迷《がんめい》な出家修行者たちの姿を、モデルとして描かれたものと思われます。

釈尊滅後、多くの出家修行者たちは、現実社会を離れた僧院《そういん》のなかで、厳密《げんみつ》な戒律の順守に勤《いそ》しんでいました。確かに、厳格で清廉《せいれん》な生き方かもしれません。しかし、それは現実の生活を営む一般の人たちにはとうてい不可能なものでした。例えば、出家、在家を問わず、基本的に仏道修行者は、肉食を避《さ》けていました。しかし、現実の社会では、誰かが真心から施《ほどこ》した食事に、ほんの細かな肉片が入っている場合もあります。頑固《がんこ》な出家修行者は、それをも「悪」としたのです。釈尊自身は、そういう場合、まったくこだわりなく、真心の供養として、感謝の気持ちで受け取っていたのです。が、形式主義、教条主義に凝《こ》り固《かた》まっていた彼らは、釈尊の教えを守っているつもりで、その心を殺したのです。

「規則」は、確かに大切かもしれません。厳《きび》しい仏道修行も必要です。しかし、あくまでそれは「成仏」という究極《きゅうきょく》的《てき》な人間完成の「方法」「手段」なのです。だから、釈尊はときとして、それを破《やぶ》ったのです。しかし、釈尊滅後に、この人間としての、釈尊の基本的な態度《たいど》が忘れ去られ、出家修行者を中心に、「戒律《かいりつ》のための戒律」「手段のはずの戒律が目的になってしまう事態《じたい》」が進んでいってしまったのです。

『諸法無行経』の勝意比丘《しょういびく》はこのような頑愚《がんぐ》な出家修行者を象徴《しょうちょう》していると考えられます。それに対して、現実社会でさまざまな困難な問題に遭遇《そうぐう》しながらも、智慧でそれを克服しようとする大乗仏教のあり方を喜根菩薩《きこんぼさつ》は象徴していると思われます。

大天《だいてん》は、サンスクリットのマハーデーヴァの意味を漢訳《かんやく》したものです。音《おん》を写して、摩訶提婆《まかだいば》と漢訳されることもあります。伝承の一つ（玄奘《げんじょう》訳『大毘婆沙論《だいびばしゃろん》』）によると釈尊の滅後百年ほどたったときに現れた人物で、「五事《ごじ》」を唱えたといわれます。

五事とは、仏道修行を完成して、煩悩《ぼんのう》をたち切った阿羅漢《あらかん》（梵語《ぼんご》アルハットの音訳で、「尊敬に値する聖者」という意味）でも、すべてを知り尽くしてはおらず、まだ知らないことがある、疑惑《ぎわく》を抱くことがある、などの五種の阿羅漢についての見解です。ある意味で、この「五事」は、阿羅漢を人間ばなれした特別な存在と見なさないということであり、進歩的、柔軟な考え方ということができます。

この五事をめぐって、大論争が起こり、仏教教団が保守派の上座部《じょうざぶ》と進歩改革派の大衆部《だいしゅぶ》に分裂《ぶんれつ》したとされます。これを根本分裂といい、この後、仏教教団は細かく分裂を繰り返します。

大天の主張は、勝意比丘のそれのように、頑迷《がんめい》なものではなく、むしろその逆でしたが、彼はあまりにそれを強く主張しすぎたゆえに、教団の分裂を誘発《ゆうはつ》してしまいました。このように、破和合僧の原因を作ったことから、日蓮によって、過去の謗法の輩《やから》の一人として挙《あ》げられていると解釈できます。

「破和合僧《はわごうそう》」の罪とは、仏教が説く罪のなかで、もっとも重いものの一つです。「僧《そう》」は、もともとはサンスクリット（古代インドの文章語）のサンガの音《おん》を写した「僧伽《そうぎゃ》」を略《りゃく》したものです。日本では僧侶《そうりょ》のことですが、本来の「僧伽」、サンガとは、「集まり」とか、「集《つど》い」とか、「共同体」「共同組合」という意味です。釈尊の時代、ガンジス川、中・下流域では商業が発達し、さまざまな商人たちがインド各地から集ってきました。そこで、その出自《しゅつじ》や民族等に関係なく、平等な資格で集いあった組合組織が形成されたのです。これがサンガでした。

釈尊は、その「平等性」、また共同でさまざまな事業を行う「協力」の精神を評価し、自らの集いをサンガと呼んだのです。その麗《うるわ》しい団結、協力の精神を踏みにじるものであるゆえに、「破和合僧」は大罪としたのです。この文では、大天の行為も、その主張自体は正しくても、自己満足なものであり、結局は「破和合僧」の結果となったという点から、勝意比丘の謗法《ほうぼう》の行為と同類としているのです。

ちなみに、もちろん、教団を直接破壊《はかい》する画策《かくさく》や行為は大罪ですが、本来は「平等」

であるべき麗《うるわ》しい和合の集いのなかに、身分や地位の差を持ち込むことも、同じく「破和合僧」となります。

6　日蓮を迫害する者は仏教者の姿をして、仏教を破壊する「六師外道《ろくしげどう》」の弟子たちである

今我等が出家して袈裟をかけ懶惰懈怠なるは是仏在世の六師外道が弟子なりと仏記し給へり（佐渡御書九五八頁・六一五頁）

日蓮の生涯は迫害《はくがい》につぐ迫害、難につぐ難の連続でしたが、とくに、それが頂点に達したのは、文永八年から翌九年にかけてでした。竜の口法難から佐渡流罪に続く過酷《かこく》な日蓮への迫害と並行《へいこう》して、鎌倉幕府は、門下への弾圧も強めていきました。そのなかで、

弟子たちのうちには、「正法を行じている日蓮が、なぜ、難を受けるのか」と疑問を抱《いだ》く者も生じたのです。

日蓮は、この文の少し前で「我今度《このたび》の御勘気《ごかんき》は世間の失《とが》一分もなし」と明確に答えています。日蓮が迫害を受けたのは、悪事をなしたからではなく、念仏者などの邪義《じゃぎ》を批判したからです。その批判の根拠《こんきょ》は彼らが外見は仏教者の姿をしておりながら、仏法破《は》壊《かい》の者であったからです。自分では、仏教者であるといくら主張しても、修行を怠《おこた》り、さらに、正しい教えを誹謗《ひぼう》するのは、仏教者ではなく、むしろ、仏教を破壊する外道《げどう》であるとここでは示しているのです。

ここに出てくる「六師外道」とは、釈尊とほぼ同時代に北インドに出て、それまでのバラモン教の思想を批判した六人の思想家たちのことで、アジタ・ケーサカンバラ（または、ケーサカンバリン、阿耆多翅舎欽婆羅《あぎたししゃきんばら》）、プーラナ・カッサパ（富蘭那迦葉《ふらんなかしょう》）、マッカリ・ゴーサーラ（末伽梨拘舎梨子《まがりくしゃりし》）、サンジャヤ・ベーラッティプッタ（珊闍耶毘羅胝子《さんじゃやびらていし》）、パクダ・カッチャーヤナ（婆浮提伽旃那《ばふだいかせんな》）、ニガンタ・ナータプッタ（尼乾子《にけんし》）をいいます。

アジタ・ケーサカンバラは、「ローカーヤタ派（順世派《じゅんせは》）」という哲学学派の開祖とされています。彼は、人間は地・水・火・風の四つの構成要素（元素、原子）から成り、それらの構成要素の集まり以外に「心」とか「生命」などはない。人が死んでも、四つの構成要素がばらばらになるだけであると説きました。仏教では、このような考え方を「断滅論《だんめつ》（断見《だんけん》）」として批判します。逆に、バラモン教のように、固定的な「我《が》（アートマン）」が輪廻《りんね》を繰り返すという考えも、「常住論《じょうじゅう》（常見）」として、仏教は批判します。アジタの考えは、非常にドライなようですが、当時のバラモン教に対する批判と考えれば、理解できます。

バラモン教では、バラモンによる儀式《ぎしき》によって功徳が積め、死後、「よき境涯《きょうがい》」に生まれると考えられていました。アジタは、そのような儀式中心主義に異《い》を唱えたのです。その点においては、釈尊と同じですが、問題は、バラモン教を批判することだけに終始して、別の価値的な生き方を積極的に説くことがなかったことでした。ゆえに、彼の流派の一部は、悪を行っても善を行ってもまったく結果に違いはない、だから欲望のままに生きればいい、と極端な「快楽主義《かいらく》」を説くに至ったのです。

プーラナ・カッサパは、「道徳否定論」を説いたとされます。人間の行為の善悪は人間が勝手に決めたもので、たとえ人を殺したとしても、悪ではなく、たとえ、バラモン教の祭祀《さいし》をしたとしても善ではない、と彼は言ったとされます。

世間的な善悪の区別――つまり、バラモン教的道徳では、金持ちがバラモンを雇《やと》って行う儀式《ぎしき》が善とされ、貧しく生きる人たちが、本当に飢《う》えて行った盗《ぬす》みなどの罪が悪として断罪《だんざい》される――そのような世間的な善悪は、権力者たちによって作られた善悪であると考えたのです。

確かに、彼の批判は的《まと》を射《い》たものでしたが、アジタと同じように、価値的な生き方を積極的に説かなかったので、のちの時代には、彼の考え方が拡大解釈され、たとえ「善業《ぜんごう》（よい行い）」をなしても善なる功徳が積めるわけではない、という「虚無論《きょむろん》」になってしまいました。

パクダ・カッチャーヤナは、人間を、アジタと同じ地・水・火・風の四要素と、苦・楽、そして生命という七要素から成り立っていると主張しました。苦や楽を、神などの外から与えられるものではなく、人間自身に備《そな》わるものと考えたのはバラモン教との大きな相違ですが、苦や楽を元素のような実体的なものととらえたため、利剣で人の頭を断っても、七つの要素の間を剣《けん》が通過したにすぎない、ということまで主張したのです。

マッカリ・ゴーサーラは、すべての運命はすでに決まっていて、今、意志を持って何を行っても、運命には変化はない、と自由意志による行為を否定しました。仏典には「邪命外道《じゃみょうげどう》」と記《しる》されています。

サンジャヤ・ベーラッティプッタは、「不可知論者《ふかちろんしゃ》」として知られていました。つまり、人は死後どうなるのか、というような、直接、我々の目前にある幸・不幸と関係しないような抽象的な問題については、「どちらともいえない」という判断停止の立場をとりました。

釈尊《しゃくそん》は、毒矢《どくや》に射《い》られた人を前にしているのに、この毒は何か、どんな人が、どんな弓で射たのかを考えるより先に、矢を抜いて手当てをしなければならないという譬《たと》えを引いて、現実と関係のない問題に執着《しゅうじゃく》し続けることは無意味であり、それよりも今しなければならないことをする方が大切であると説きました。

サンジャヤの立場も釈尊とよく似《に》ていましたが、それがあまりに極端で、どんな場合でも判断をはぐらかそうとしたために、なんの意見も主張しない「鰻論《まんろん》（うなぎのようにとらえどころのない空虚《くうきょ》な議論）」に堕落《だらく》したのです。

ニガンタ・ナータプッタは、よく知られたジャイナ教の開祖《かいそ》です。ジャイナ教によれば、人間は一人一人が霊魂《れいこん》を持

ち、身体や精神において、なんらかの業《ごう》を積めば、その業が霊魂に付着し、そのために、霊魂は輪廻《りんね》の迷いの世界に束縛《そくばく》されてしまうとされます。ゆえに、人は断食《だんじき》などの苦行《くぎょう》により、過去の業を滅《めっ》することが必要であると説くのです。この流派が行う、断食などの極端な苦行は、ときとして「修行のための修行」に堕落する場合があります。それに対して、釈尊は、苦行を否定し、中道《ちゅうどう》を説きました。

釈尊の時代は、経済や交通の発達とともに、古い価値観に縛《しば》られない自由な雰囲気《ふんいき》が生まれてきました。「六師外道《ろくしげどう》」は、その自由な空気のなかで生まれた思想家たちでした。バラモン教を批判したところは、釈尊と同じでしたが、先に述べたように、その思想が不完全であったり、極端であったりしたゆえに、社会に混迷をもたらしたのです。

7
師匠・日蓮より自分が偉いという増上慢《ぞうじょうまん》の弟子・檀越《だんおつ》たちに対して説いた「修羅《しゅら》は十九界《じゅうきゅうかい》、外道《げどう》は九十五究竟道《きゅうじゅうごくきょうどう》」の寓話《ぐうわ》

これはさてをきぬ日蓮を信ずるやうなりし者どもが日蓮がかく（斯）なれば疑ををこして法華経をすつるのみならずかへりて日蓮を教訓して我賢《かしこ》しと思はん僻《びゃく》人《にん》等が念仏者よりも久く阿鼻地獄にあらん事不便とも申す計りなし、修羅が仏は十八界我は十九界と云ひ外道が云く仏は一究竟道《くきょうどう》我は九十五究竟道と云いしが如く（佐渡御書九六〇～九六一頁・六一八頁）

文永八年から九年にかけての法難で、鎌倉幕府からの弾圧に耐《た》えかねて、日蓮の弟子・檀越《だんおつ》の多くが退転していきました。彼ら、彼女らの多くが「法華経の行者は現世安穏《げんせあんのん》であるはずなのに、何故、法華経を弘《ひろ》めている日蓮、及びその門下に、このような弾圧があるのか?」などと、不信を起こしたのです。

彼ら、彼女らは、自らの退転を正当化するために日蓮を批判しました。その批判については、この文の次に「日蓮御房《ごぼう》は師匠《ししょう》にておはせども余《あまり》にこは〈剛〉し我等はやは〈柔〉らかに法華経を弘むべし」と具体的に述べられています。

つまり師匠である日蓮の布教《ふきょう》の方法が激《はげ》しすぎるから幕府などの不興《ふきょう》を買い、弾圧が起こったのであって、自分たちはもっと上手に、世間との摩擦《まさつ》を生まない形で布教を行う、というのです。

この自己保身に汲々《きゅうきゅう》とする弟子たちの臆病《おくびょう》な姿を日蓮は「〈日蓮に最初から敵対する〉念仏者たちより長く阿鼻地獄《あびじごく》に止《とど》まる」〈趣意、九六〇頁・六一八頁〉と厳《きび》しく断呵《だんか》し、またこの文では、「修羅《しゅら》」や「外道《げどう》」に譬《たと》えています。

『涅槃経《ねはんきょう》』（巻三十六）には、次のような寓話《ぐうわ》が記《しる》されています。

あるとき、魔王が仏の姿を装《よそお》い、一人の資産家の前に現れ、語ります。

「私は今まで四諦《したい》、五蘊《ごうん》、十二入、十八界を説いてきたが、それは真実ではなく、五諦、六蘊、十三入、十九界が真実である」

四諦《したい》とは、人間の現実と目指《めざ》すべき理想を、四つにまとめたものです。「どんな人間も老・病・死などの苦しみを避《さ》けることができない」（苦諦《くたい》）、「その苦しみの原因は、今の自分が永遠に続くとする執着《しゅうじゃく》である」（集諦《じったい》）、「その執着を滅《めっ》することこそが、苦を滅する因である」（滅諦《めったい》）、「そのための方法（苦の滅への道）を仏は説く」（道諦《どうたい》）をいいます。

五蘊《ごうん》の「蘊」とは、「集まり」という意味で、心身にわたる人間の存在やそれをとりまく環境全体を、五つの要素から説明したものです。色《しき》（人間を取り巻く外界、物質）、受《じゅ》（感覚）、想《そう》（意識）、行《ぎょう》（意志などの心の作用）、識《しき》（心そのもの）の五つをいいます。

十二入とは、目・耳・鼻・舌・身（皮膚感覚）・意（意識）の六つの感覚器官と、その対象となる色・声・香・味・触・法（イメージ）の六つの対象との総称です。

さらに、それらを縁として生じた眼識・耳識・鼻識《びしき》・舌識《ぜっしき》・身識・意識の六つの認識を、十二入と合して、十八界となります。

魔王《まおう》は、仏に嫉妬《しっと》し、自らの慢心《まんしん》のゆえに、それぞれ一つずつ増やした数を述べたのです。増やしたそれぞれの「一つ」はまったく中身はありません。

四諦にしても五蘊にしても、また十二入、十八界も、すべてそれぞれで整合性《せいごうせい》があり、統一がとれている考えです。しかし、魔王は自分を偉く見せたいという心から、一つずつ増やしてしまうのです。理論的根拠も、整合性も、まったくありません。仏より少しでも偉く見せたいという姿はこっけいでもあります。

『大智度論』巻十八巻（初品三十）には、ある外道の修行者が「あなたの教えはただ一つしかなく、外道には多様な教えがある。あなたの教えは排他的《はいたてき》だ」と、釈尊を批判した話が出てきます。当時の外道には九十五の異《こと》なった学派があったともいわれます。

釈尊は毅然《きぜん》と「外道の教えには多様な教えがあるというが、それは、それぞれの外道が、自分の教えに執着し、対立しているからではないか。例えば、骨を見ただけで、生前の姿を想像できるという超能力者ミガシーサを知っているか？」と問いました。

修行者は「ミガシーサは、もっとも素晴らしい修行者だ！」と答えます。

釈尊は「ではあなたはこの人を知っているか」と、自分の後ろにいる一人の仏弟子を指さしました。修行者はがっくりとうなだれました。そこには今や釈尊の弟子となったミガシーサがいたのです。彼はかつて釈尊に挑《いど》んだのですが、自分の愚かさを知り、仏弟子となったのです。

ミガシーサは仏弟子として修行し、「欲望の世界を乗り越えた。心の束縛《そくばく》から解放された」と仏道修行の喜びを語るようになりました。

この言葉からわかるように、ミガシーサは、いくら不思議な力があったとしても、心は欲望にまみれ、束縛されていたのです。尊敬していたミガシーサの姿を、釈尊の弟子のなかに見た外道の修行者は、敗北を認めました。彼に対して釈尊は言います。

「外道のものは、おのおのが究極的な教えであるというが、それは偏狭《へんきょう》な考えに執着しているだけである。論議の場に入っては、自己の意見に固執《こしゅう》し、他人の意見を排除《はいじょ》する。議論に勝てば喜び、負ければ落ちこむ。ゆえに、智慧《ちえ》あるものはそのような対立には陥らないのだ」

外道が異なる意見に分かれているのは、多様性のゆえにではなく、偏頗《へんぱ》な教えに執着しているからなのです。

日蓮にも「日蓮は偏狭《へんきょう》で他を排斥《はいせき》している」との批判があびせられました。しかし、権力に讒奏《ざんそう》し、日蓮を迫害した当時の他宗派、また自己正当化のために、日蓮が排他的であると批判する弟子たちこそが、偏狭《へんきょう》で排他的であるといえるでしょう。ちなみに、『涅槃経《ねはんきょう》』では、「魔王《まおう》」であるところを日蓮は「修羅《しゅら》」としています。これは、「勝他の念（他人より勝れたいと願う欲望）」の象徴《しょうちょう》としての「修羅」とすることで、自分を偉く見せたいという、退転する弟子たちの卑小《ひしょう》さを、強調しようとしたためと解釈できるでしょう。

8　仏法の敵に対しては、身命《しんみょう》を捨てて謗法《ほうぼう》を責めるべきであることを説いた「有徳王《うとくおう》と覚徳比丘《かくとくびく》」の物語

歓喜《かんき》仏の末の世の覚徳比丘・正法を弘めしに無量の破戒此の行者を怨《あだ》みて責めしかば有徳国王・正法を守る故に謗法を責めて終に命終して阿閦《あしゅく》仏の国に生れて彼の仏の第一の弟子となる（聖愚《しょうぐ》問答抄四九六頁・三八五頁）

『涅槃経《ねはんきょう》』の第三「金剛身品」には、次のような物語が記されています。

遠い昔のこと、覚徳《かくとく》という名の仏道修行者がいました。彼はライオンのように堂々と、教えを弘《ひろ》めました。また、彼は自身を律し、同じく仏道修行をする比丘《びく》たちに「財を蓄えてはならない」と厳《きび》しく戒《いまし》めていました。当時、多くの比丘たちは生活が乱れ、財を蓄えるに汲々《きゅうきゅう》としていました。彼らは覚徳の言葉に反感を持ち、手に棒切《ぼうき》れや刀を持って、覚徳比丘のもとにやって来たのです。

この国には有徳《うとく》という名の国王がいました。彼は事の成り行きを聞くとすぐ、覚徳を護《まも》るため、法を護るために、覚徳比丘のもとへと急いだのです。悪比丘たちは、大勢で、覚徳比丘を取り囲み、害しようとしていたところでした。

有徳王は覚徳を護るために必死に戦い、比丘は危機を脱することができたのです。しかし、有徳王は満身創痍《まんしんそうい》の状態で、傷《きず》のない所は、わずか芥子《けし》の実ばかりも、王の体にはないようなありさまでした。

息も絶え絶《だ》えな王に、覚徳比丘は語りかけました。

「王は真実の教えを護ってくれました。将来、傷を負われた王のこの体は無量の法器《ほうき》となるでしょう」

王はこの言葉を聞《き》き、息をひきとりました。

王は死後、阿閦仏《あしゅくぶつ》の国に生まれ、仏の第一の弟子となり、やがて覚徳比丘も阿閦仏の国に生まれ、第二の弟子となりました。

『涅槃経』では、この覚徳比丘は迦葉仏《かしょうぶつ》の過去世の姿であり、有徳王は釈尊の過去世の姿であると説かれています。

「聖愚問答抄《しょうぐもんどうしょう》」では、仏教の道理に通じた「聖人」と仏教を知らない「愚人」との間で、問答が交《か》わされます。愚人が、「確かに念仏者、真言師、禅、律などは謗法《ほうぼう》かもしれないが、他人のことだからほうっておけばいいではないか。仏教は自分が信心に励《はげ》めばいいので、他人が誤っていてもそれは他人事だ」と語ります。それを受け、聖人は、種々の仏典を引用しながら、仏教に違った教えをほうっておいては「仏教の敵《てき》」となる、身命を捨てて謗法を責《せ》めるべきであると答えます。そして、例として、この有徳王と覚徳比丘の物語が語られるのです。

この物語は、「身軽法重《しんきょうほうじゅう》」「不惜身命《ふしゃくしんみょう》」の実践の尊さを教えたものです。刀を持って敵と闘うというのは、譬《たと》えであり、本当に武器を持つことではなく、不惜身命の実践を譬えたものです。他人がどのように間違った教えを説いていても無関心というのは、自分だけが救われればよい、という自己中心的な考え方であり、仏教ならざる教えを仏教として説いている謗法の者に対しては、正法を護《まも》る実践こそが、必須《ひっす》のものになるのです。

9　仏法の正統の流れを受け継《つ》いでいるゆえに付法蔵《ふほうぞう》（提婆菩薩《だいばぼさつ》、師子尊者《ししそんじゃ》など）たちに〝命におよぶ難〟が起きた

付法蔵の第十四の提婆菩薩・第二十五の師子尊者《ししそんじゃ》の二人は人に殺されぬ、此等は法華経の行者にはあらざるか（開目抄二三〇頁・五九九頁）

「大夫志殿御返事」（一一〇三頁・一八五一頁）には、次のような記述が見られます。

「滅後一日より正像二千余年の間・仏の御使二十四人なり、所謂第一は大迦葉《かしょう》・第二は

阿難・第三は末田地《までんだい》・第四は商那和修《しょうなわしゅ》・第五は毱多《きくた》・第六は提多迦《だいたか》・第七は弥遮迦《みしゃか》・第八は仏駄難提《ぶっだなんだい》・第九は仏駄密多《ぶっだみった》・第十は脇比丘《きょうびく》・第十一は富那奢《ふなしゃ》・第十二は馬鳴《めみょう》・第十三は毘羅《びら》・第十四は竜樹・第十五は提婆《だいば》・第十六は羅睺《らご》・第十七は僧佉難提《そうぎゃなんだい》・第十八は僧佉耶奢《そうぎゃやしゃ》・第十九は鳩摩羅駄《くまらだ》・第二十は闍夜那《しゃやな》・第二十一は盤駄《はんだ》・第二十二は摩奴《まぬ》羅《ら》・第二十三は鶴勒夜奢《かくろくやしゃ》・第二十四は師子尊者《ししそんじゃ》」

「付法蔵」は、釈尊入滅後の法の伝わり方の系譜《けいふ》を示したものです。仏教はすべての人に法を平等に説くのですから、文字通り一人から一人だけに伝わっただけなら、法の広がりがまったくなかったということになります。だから、「付法蔵」は、そのときどきにおける仏教教団の中心者、もっとも活躍した人という意味です。

「付法蔵」は『付法蔵経』という仏典に出てきますが、この仏典はそれまであった仏教の歴史を伝える『阿育王経《あいくおうきょう》』『竜樹菩薩伝《りゅうじゅ》』『馬鳴《めみょう》菩薩伝』等をまとめて中国で作られた、と考えられています。しかし、仏教の流れを比較的正確にたどれることから、中国で重《ちょう》用《よう》されました。

「提婆」は、紀元三世紀ごろのインドのアールヤデーヴァのことです。彼はナーガールジュナ（竜樹）の有能な弟子として知られ、『百論』などの著作を著した大論師です。南インド方面に仏教が広まるのに貢献したのですが、論破した敵によって、ねたまれ殺害されてしまいました。

師子尊者は六世紀ごろに活躍した人で、ガンダーラ、カシミール地方の布教に功労があった人です。当時、その地域には檀弥羅《だんみら》（金粟《こんぞく》）王という暴王がおり、塔や寺院を破壊《はかい》し、僧たちを殺害していました。師子尊者はその悪逆に抵抗したのですが、首を切られて殺されてしまいました。この檀弥羅王は、北インドに侵入したエフタル族の王、ミヒラクラに比定されています。このエフタル族の侵入により、グプタ王朝が衰退《すいたい》し、とともにインドの仏教も衰亡《すいぼう》することになります。このあたりの消息から、師子尊者が付法蔵の最後と数えられるのです。

日蓮はこの「付法蔵」の系列を御書中に数カ所引用します。その引用には、大きな特徴があります。それは「敵と闘《たたか》って難に遭《あ》う」という共通点です。提婆や師子尊者だけではなく、竜樹も大きな迫害に遭っています。それはこの「開目抄」にも見られます（「開目抄」「大夫志殿御返事」では数え方に違いがあります）。

「開目抄」で、日蓮は「日蓮は法華経の行者であるといっているのに、なぜ難に遭うのか？」という批判に対し、仏教の正統を受《う》け継《つ》ぐ付法蔵の人々も、命にも及ぶ難に遭っていることを通して、正法を行じる者が難に遭うことの先例とするのです。

10　兄が勘当《かんどう》され信心がおぼつかない状況にあった池上兄弟に対して、求道心が固《かた》いかどうかを試されていることを教えた「雪山童子《せっせんどうじ》」の寓話《ぐうわ》

雪山童子の前に現ぜし羅刹は帝釈なり（兄弟抄一〇八三頁・九二五頁）

仏典には、しばしば、「本生譚《ほんじょうたん》」といわれる釈尊の過去世の物語が出てきます。本生譚ばかりを数百集めた「ジャータカ」という仏典も存在します。また、ある教えが説かれる理由を、説く仏と聴衆《ちょうしゅう》との過去世の関係にまでさかのぼって説明する「因縁《いんねん》（ニダーナ）」という経典群もあります。

仏典が「過去世」にこだわったのは、なぜでしょうか？「あなたは、過去に悪業を積んできたので、今あなたは貧しく生まれた」というようなことを言いたかったのではありません。この考えには、最初から「貧乏」を「悪」と決めつける差別意識があります。

インドの仏典が「過去世」になぜこだわったか？　仏たちや聖者たちが、過去世において、時には、貧しい人となり、動物となり、仏道修行を続けていたということは、どういうことか？　当然、それは次のような結論に至るでしょう。

「今、私たちの周囲にいる貧しい人や動物たちも、将来、仏・菩薩になるための修行をしている尊い存在である！　バカにしてはいけない、いじめてはいけない！」

つまり、仏典に存在するさまざまな過去譚、本生譚の類《たぐい》は、大乗仏教の立場からいえば、一切の差別を打破する平等な智慧《ちえ》を伝えようとしているのです。

また、本生譚は、釈尊の過去世の物語の形をとりながら、今、私たちが行うべき菩薩の修行のあり方を述べたものです。

歴史的にいえば、この本生譚が大乗仏教成立の基盤の一つとなるのです。

雪山童子《せっせんどうじ》は、大乗仏典の一つ、『涅槃経《ねはんきょう》』に登場する人物で、釈尊の過去世の姿です。雪山というのは、今のヒマラヤ山脈にあたります。童子は、ヒマラヤの山の一つで、修行に勤《いそ》しんでいました。バラモン教のヴェーダのすべてに通達《つうだつ》しましたが、彼はそれでは満足できませんでした。

「この世にはさらに素晴らしい法があるはずだ」と彼は修行を続けていたのです。

あるとき、彼はどこからともなく、不思議な声が聞こえてきたのを聞きました。

「ヴァヤダンマ・サンカーラ……」

そこには、羅刹《らせつ》（サンスクリットの「ラークシャサ」の音訳で、「鬼神《きじん》」）がいました。このときに羅刹が唱えた偈頌《げじゅ》（詩）は、漢訳経典では「諸行無常《しょぎょうむじょう》・是生滅法《ぜしょうめっぽう》」と記されています。「すべての人為的に作られたものは、永遠ではない。生滅こそが、すべての人為的に作られたものの真実の姿である」という意味です。

童子は、胸が張り裂《さ》けそうなぐらい喜びました。これこそ求め続け、探し続けていたものだったのです。人為的で形式化したバラモン教の儀式《ぎしき》で、本当の幸福が得られるはずはない――彼はこう考え続けてきたのです。

しかし、羅刹が唱えた詩は、途中までです。まだ続きがあるはずです。それこそ、「生滅」を繰り返す、無常な現実世界を超えた真実を説いたものであるはずです。

童子は羅刹に残りの偈頌《げじゅ》を教えてくれるように懇願《こんがん》しました。しかし、羅刹は、「オレはここ数日何も食べていない。お前を食べさせてくれるならば、後の半偈《はんげ》を教えてやろう」と言うのです。

童子は平然と言いました。

「我が身を布施《ふせ》として、差し上げましょう。いつかは死ぬことが決まっています。猛禽《もうきん》や猛獣に食べられて、この身がなくなるならば、何の徳も積《つ》めないかもしれません。この身が死しても、真理を得ることができたならば、土の器を宝器に換《か》えることと同じです」

羅刹は語り出しました。

「生滅滅已《しょうめつめっち》・寂滅為楽《じゃくめついらく》」

つまり、「生じるものは滅びる。ゆえに、はかないものを求める欲望も永遠に続くのではなく、いつかは滅びる。その欲望が滅びた境地こそ、真実の幸福である」という意味です。

「諸行無常・是生滅法」という法理の通り、すべての人間が作り出したもの（財産や身分、若さを誇《ほこ》ること）は、はかないものです。それを求めてやまない人生は、はかないものに執着《しゅうじゃく》するゆえに、いくら求めても絶対的な幸福には至りません。しかし、一見、滅《ほろ》ぼし尽《つ》くすことが難《むずか》しいような、その執着の心自体も、永遠に続くのではないのです。真実を見抜く智慧《ちえ》によって、滅することができ、人は、絶対的幸福に安住することができるというのです。

童子は、感動しました。これこそ、自分が求め続けてきた答えです。彼は、自らが死んだ後も、人々が知ることができるように、羅刹から聴《き》いた法を、木や石に書きつけました。そして、高い木の上から身を投げたのです。

しかし、羅刹は、童子の求道心の固《かた》さを試すために、帝釈天《たいしゃくてん》が姿を変えたものでした。帝釈は童子の身を受け止《と》めました。

自らの身を犠牲《ぎせい》にしてまで、法を求めたこの童子は、釈尊の過去世の姿であると、『涅槃経』は記《しる》します。この説話は、釈尊の過去世が雪山童子であるという〝事実〟を述べたというよりも、菩薩の修行の布施行《ふせぎょう》の尊さ、自らの命を軽くしても法を求めることの大切さ、すなわち「身軽法重《しんきょうほうじゅう》」「死身求法《ししんぐほう》」の姿勢の尊さを述べたものです。

また、このアレゴリー（寓話《ぐうわ》）のもう一つの主題は、直面する困難を、自らの求道心が固いかどうかを試す「試《こころ》み」と考えることの大切さです。本抄は、池上宗仲《むねなか》と宗長《むねなが》の兄弟が、法華経の信仰のゆえに、当時鎌倉幕府の要職にあった父・康光《やすみつ》から、勘当《かんどう》されるなどの反対にあったときに与えられた御書です。日蓮は雪山童子や尸毘《しび》王（次項参照）の説話を引いて、困難が求道心を試みるものであることを教示しています。この文の直前には「たとへばくろがね（鉄）をよくよくきた（鍛）へばきず（疵）のあらわるるがごとし、石はやけばはい（灰）となる金《こがね》は・やけば真金となる、此の度こそ・まことの御信用は・あらわれ」と、兄弟の信心が本物かどうかが、今試みられていると述べられています。

困難を、乗り越えられない悲劇ととらえるのではなく、乗り越えられる試練《しれん》ととらえる姿勢が大切なのです。

11　信心が動揺していた池上兄弟に、この難は必ず乗り越えられる試練《しれん》であると教えた「尸毘王《しびおう》の鳩《はと》」の説話

尸毘《しび》王のはと（鳩）は毘沙門《びしゃもん》天ぞかし（兄弟抄一〇八三頁・九二五頁）

これも、前項の雪山童子《せっせんどうじ》と同様に、釈尊の「本生譚《ほんじょうたん》」の一つであり、「身軽法重《しんきょうほうじゅう》」の仏法者の姿勢を示唆《しさ》した説話です。さまざまな仏典に登場し、またジャワのボロブドゥールなどの仏教建築のレリーフ（浮き彫り）のモチーフ（主題）に使われるなどのこ

とから、アジア諸地域において、民間にも広く知られ、支持された伝承《でんしょう》であったことがわかります。もともとの出典が何かは議論がありますが、『大智度論《だいちどろん》』（第四巻）のものが有名です。

昔、インドにシビ（尸毘）という王がいました。慈悲深く善政を行っていました。インドラ神（ギリシア神話のゼウスに当たる雷神、もともとはバラモン教の最高神であったが、仏教に採《と》り入れられた。漢訳仏典では「帝釈天《たいしゃくてん》」）は、王がどんなことがあっても、無私の善政を続けることができるかを試みようとして、毘沙門天《びしゃもんてん》（バラモン教のヴァーイシュラヴァナ神のことで、多聞天《たもんてん》ともいいます）と相談しました。

毘沙門天は鳩《はと》となりました。帝釈天は鷹《たか》となって、鳩を追いかけたのです。窮鳥《きゅうちょう》（追いつめられ逃げ場を失った鳥）は王の懐《ふところ》に逃げ込みます。鷹は王の前の木の枝に止まり、「鳩を私に渡してもらいたい」と言うのです。

「いや、私は一切衆生を救おうという誓願《せいがん》を立てているのです。だからこの鳩をあなたに返すわけにはいきません」

「では、猛禽《もうきん》の鷹である私は衆生の一員ではないのですか。あなたは平等に衆生を救おうというのに、今日一日何も食べなくて空腹な私を哀《あわ》れに思わないのですか」

これは難問です。一つの命を救おうとするならば、もう一つの命を犠牲にせねばならない。単なる皮相的《ひそうてき》な慈善心では解決できない問題です。

王は刀で自分の股《また》の肉を切り取り、鷹にやろうとしましたが、鷹は「鳩と同じ重さの肉が欲しい」と言うのです。

王は秤《はかり》を持ってきました。しかし、不思議にも鳩はどんどん重くなっていくのです。どんどん自分の肉を切り刻《きざ》んだ王は最後の力を振《ふ》り絞《しぼ》り、自ら秤に上ったのです。

鷹は帝釈天の姿に戻り、王に言いました。

「そんなに苦しんでいるのに、後悔《こうかい》はないのですか?」

王は答えました。

「尊い衆生の命を救うためなら、我が身一身が失われることに後悔はありません。深い喜びの心しかありません」

帝釈は王の誓《ちか》いが固《かた》いことを知りました。帝釈はたちまち、王の身をもとに戻しました。この尸毘王《しびおう》とは、菩薩《ぼさつ》の修行を積んでいたころの釈尊の過去世の姿です。

前項の雪山童子と同じく、父・康光《やすみつ》からの反対のゆえに、信仰の動揺《どうよう》が懸念《けねん》されていた池上宗仲と宗長の兄弟に対して、日蓮はこの尸毘王の説話を使い、「此の度こそ・まことの御信用は・あらわれ」「十羅刹《じゅうらせつ》・心《こころ》み給わんがために父母の身に入らせ給いてせめ給うこともや・あるらん」と、今こそ信心が試されているのであって、絶対に負けてはならない、と激励しているのです。

12 仏法を信じていながら途中退転した者は、はじめから批判する者より罪が重いことを戒《いまし》めた「善星比丘《ぜんしょうびく》」の物語

在世にも善星比丘等は始は信じてありしかども後にすつるのみならず返つて仏をはう（謗）じ奉りしゆへに仏も叶い給はず無間地獄にをちにき（兄弟抄一〇八九頁・九三三頁）

善星比丘《ぜんしょうびく》（スナカッタ）については、いくつかの異なった伝承《でんしょう》があります。北伝《ほくでん》（イ

ンドから中国に伝わった伝承）では、善星を釈尊の出家前の子どもとしています（『涅槃《ねはん》経《きょう》』）。しかし、釈尊に、ラーフラ以外に子どもがいたという証拠は、他に存在しません。そのため、むしろ、パーリ語（インドの古典語）で伝えられた伝承の多くが語るように、善星は、「釈尊の従者《じゅうしゃ》」であったとしたほうが妥当《だとう》であると考えられます。子どもにしても、従者にしても、重要な点は、釈尊に近い存在の人間であったことでしょう。一度は仏に近いところにいた人間が退転したのです。

パーリ語の伝承でも、善星については、まとまった記録は少ないのですが、いくつかの伝承（『律蔵』『マッジマ・ニカーヤ』『ディーガ・ニカーヤ』）を総合すると、およそこの人物の輪郭《りんかく》が浮かび上がってきます。

彼は数年間、釈尊の従者でした。釈尊の姿を常に見ていたのですが、彼はあるとき、このような疑問を持ちます。

「釈尊のもとにたくさんの人々が来ては、私は不動の境地に達しました、などと言っているが、本当だろうか？」

彼は慢心のゆえに、他の人が高い境地を得たということを認めることができません。さらに彼は、嫉妬《しっと》のゆえに、他の弟子たちを評価する釈尊に対して、疑いの気持ちを持ち出したのです。

また、あるとき、彼は釈尊に神通力《じんずうりき》を見せてくださいと願いました。彼にとって、信じるに値《あたい》する師匠とは、人を励まし、人とともに悩みや喜びをともにする「偉大な人間」ではなく、「人間離れした力」を持つ存在だったのです。釈尊はそのような彼の考え方を叱責《しっせき》します。すると彼は釈尊のもとを辞《じ》し、極端な苦行を行うコーラ・カッティヤという外道の修行者に近づき、彼の弟子になったのです（一説には、ジャイナ教に帰依《きえ》したともいわれます）。

退転した善星《ぜんしょう》は、かつての師を悪《あ》しざまに罵《ののし》りました。

「ゴータマ（釈尊の名）の教えには、超人となる方法はまったくない」

もちろん、仏教は人間離れした超能力を持った「超人」を作る教えではありません。まったく、彼の批判は見当外《けんとうはず》れなものです。釈尊は、そんな彼に関して、「智慧《ちえ》ある人は、二枚舌を使う人、怒りっぽい人、困《こま》っている人を見ても施《ほどこ》しをしない人、人の破滅《はめつ》を喜ぶ人に近づいてはならない」と門下に戒《いまし》めました。まさに、かつての仏弟子の一人、善星は、仏道修行者がもっとも注意すべき悪人の代表となったのです。退転者は自分の退転を正当化するために、最初から批判する者よりもより悪《あ》しざまに、教団や同志、また師を批判します。

本抄では、この善星比丘の例を引き、最初からの批判者よりも、信じながら退転した者の罪が重いことを挙げて、池上兄弟および、その妻たちの退転を戒《いまし》めているのです。

13　求道の善財童子《ぜんざいどうじ》（スダナ少年）は善知識《ぜんちしき》である観音菩薩《かんのんぼさつ》から慈悲の法門を授《さず》けられ、慈悲の勇者となってさらに求道の旅を続けた

補陀落《ふだらく》山の観世音菩薩は善財童子の善知識（三三蔵祈雨事一四六八頁・一〇六五〜六頁）

「鴦崛摩羅《おうくつまら》」の項で取り上げたのと同じく、仏道修行において「善知識《ぜんちしき》」が不可欠な存在であることを示した一節です。

『華厳経《けごんきょう》』の「入法界品《にゅうほうかいほん》」では、スダナ（善財）という少年が登場します。

マンジュシュリー（文殊師利）が法を説いていたとき、スダナという少年が他の少年・少女たちとその場に現れた。マンジュシュリーの説法に心動かされたスダナは、自らも菩薩《ぼさつ》の修行を行い、人々を救う存在になろうと誓《ちか》った。マンジュシュリーはスダナに語った。

「ここから南に行ったラーマーヴァランタという国にスグリーヴァという山があり、そこにメーガシュリーという修行者がいる。そこで菩薩行について聴《き》きなさい」

スダナは法を求めて南へ南へと向かった。メーガシュリーに出会い、仏道修行者が目《め》指《ざ》すべき仏のイメージを教えてもらった。さらにスダナは求道の旅を続け、サーラメーガ、スプラティシュティタなどの修行者、先住民族のメーガ、サマンタネートラなどの商人、船頭ヴァイラ、遊女ヴァスミトラーなどから、次々と菩薩行についての教えを得ることができた。そして、とうとう彼は、遠い南の海上の山、ポータラカにつき、そこでアヴァローキテーシュヴァラ（観音）菩薩に会った。

アヴァローキテーシュヴァラは、スダナ少年の頭に手を乗せると、「遅滞《ちたい》のない慈悲の法門」を説いてくれた。その法門は、すべての衆生を転落の恐怖《きょうふ》から解放し、すべての衆生を恐怖の対象を恐れる恐怖から解放し、すべての衆生を愚《おろ》かさの恐怖から解放し、すべての衆生を束縛《そくばく》の恐怖から解放し、すべての衆生を生命の危機の恐怖から解放するものであった。アヴァローキテーシュヴァラから「遅滞のない慈悲の法門」を教えてもらったスダナ少年は、一切衆生を恐怖から解放する慈悲の勇者となって、さらに求道の旅を続けたのである。

アヴァローキテーシュヴァラは、観音菩薩《かんのんぼさつ》のことで、厳密《げんみつ》にはさまざまな語源解釈《ごげんかいしゃく》がありますが、「観世音《かんぜおん》」「観自在《かんじざい》」と訳されます。「観自在」とはすべての事象の観察やその救済が自由自在にできることで、「観世音」とは人々の苦悩の声を聴《き》き、救うことを意味します。もちろん、歴史的な人物ではなく、利他《りた》の菩薩行を象徴的《しょうちょうてき》に表したものが観音であるといえるでしょう。

しかし、日本においては、観音の実在が信じられ、自らが観音のような慈悲《じひ》の菩薩となろう、という信仰ではなく、観音を拝《おが》み、その救済の力にすがろうという信仰形態が隆盛《りゅうせい》となりました。また、海より幸いがもたらされる、大海の中に理想の国があると信じる民間信仰と相互に影響を与えあい、南方の海に補陀落《ふだらく》という素晴らしい国があり、そこに行けば、幸福になるという信仰形態も現れました。南紀州の那智《なち》山が補陀落山と信じられるようにもなったのです。

日蓮は、それと異なり、求道の志を叶《かな》え、その仏道修行者の可能性を伸ばす存在、すなわち「善知識」の例として、「入法界品」の観音菩薩と善財の話を用いているのです。

14　常啼菩薩《じょうたいぼさつ》の命をかけた求道に、遂《つい》に真実の法門が開かれた

常啼《じょうたい》菩薩は身をう（売）て善知識をもとめしに曇無竭《どんむかつ》菩薩にあへり（三三蔵祈雨事一四六八頁・一〇六六頁）

前項と同じく、仏道修行における善知識《ぜんちしき》の大切さを述べたものです。そして、「三三蔵祈雨事」では、日本の真言宗が善知識たりえず、人を仏道から離させる悪知識《あくちしき》であることを示しているのです。

常啼《じょうたい》菩薩は、サンスクリットではサダープラルディタ。「常に、悲嘆《ひたん》に暮《く》れている」という意味です。仏が滅《めっ》し、仏の教えを行う者がいなくなったことを悲しみ、なんとしてもその教えを体得するものとなりたい、と懸命《けんめい》に求道の旅を続けた菩薩です。『六度集経《じっきょう》』『八千頌般若経《はっせんじゅはんにゃきょう》』など、『般若経』経典群《ぐん》に登場します。

『般若経』経典群は、釈尊滅後、数世紀後に成立した経典で、その当時は釈尊の教えに関して、さまざまな異論が起こり、出家修行者たちは、瑣末《さまつ》な論議に時を費《つい》やし、在家者は釈尊が否定したはずの呪術《じゅじゅつ》に堕落《だらく》せんとする傾向も見せていました。まさに「仏滅後」「無仏《むぶつ》の時代」が強く意識されていた時代でした。その時代に、民衆救済を忘れた煩瑣《はんさ》な論議でもなく、仏を神のようなものに祭り上げ、それを拝《おが》めば、名声や繁栄が期待できるという呪術でもなく、「菩薩道《ぼさつどう》を行うことにより、自らが仏になる」という仏教の根本精神を求めようとする流れが出てきたのです。『般若経』経典群や『法華経』は、この問題意識を基盤として成立してきました。仏の教えが失われていることを憂《うれ》い、その教えを求め続けているサダープラルディタは『般若経』経典群を作った人々の姿を表しているといえましょう。
中国・呉《ご》の時代の康僧会《こうそうえ》の訳による『六度集経』では、「常悲菩薩《じょうひぼさつ》」と訳されており、おそらく『六度集経』の「常悲菩薩」の本生譚《ほんじょうたん》がもともとの伝承であったと考えられています。ここでは有名な『八千頌般若経』の第三十章に出る常啼《じょうたい》の求道の物語を紹介しましょう。

あるとき釈尊は、スブーティ（須菩提《しゅぼだい》）に「人は、サダープラルディタが、身を惜《お》しまず、命を顧《かえり》みず、利欲や栄誉や名声などに囚《とら》われずに、智慧《ちえ》の完成を尋ね求めたように、智慧の完成を求めるべきである」として、次のような物語を語った。

智慧の完成を求め続けていたサダープラルディタという修行者がいた。あるとき、彼は天上からの仏の声を聴《き》いた。
「あなたは東に行きなさい。東の方にガンダヴァティーという都市があり、そこにダルモードガタ（曇無竭《どんむかつ》）という菩薩が住んでいる。そのもとに行きなさい。そうすれば智慧の完成を得ることができる」

求道の旅を続けていると、今度は天上から多くの仏の声が彼を励ますのを聞いた。

「ああ、仏はどこから来て、どこに行くのだろうか」

彼はどんどん旅を続けた。しかし、彼は心のなかが申《もう》し訳《わけ》なさでいっぱいになった。

「ダルモードガタ菩薩に敬意を表するために、どのような供養の品を持っていけばいいのだろうか？　私は貧しくて、供養になるものなどなにもない」

そこで、彼はある町の市場で、こう大声で叫んだ。

「誰か、奴隷《どれい》にする人間を買う人はいませんか？　人間を買ってくれる人はいませんか？」

そのとき、悪魔が現れた。サダープラルディタが求道の志を完成することを阻《はば》もうと、人々に、彼の声が聞こえないように、町の人々を隠《かく》してしまう術をかけた。

また、そのとき、神々の王シャクラ（帝釈天《たいしゃくてん》）も現れ、サダープラルディタの志を試そうとバラモンの若者に変身し、サダープラルディタに近づいた。

「私には奴隷としての人間は必要はないのだ。いけにえの動物が必要なのだ」

バラモン教の儀礼《ぎれい》では、しばしば動物がいけにえとして捧《ささ》げられたのだが、そのいけにえを必要としているというのである。サダープラルディタは喜んで「いけにえになる」といい、その代わりに供養を可能とするお金を得ようとした。そして自らの身体を傷《きず》つけた。シャクラは、もとの姿を現し、サダープラルディタの求道の志を称《たた》え、彼の身体をもとにもどそうとした。しかし、サダープラルディタはこう言ったのである。

「私の身体のことなどどうでもいいことなのです。私は法を聴《き》きたいのです」

シャクラも、悪魔も、そこにいられなくなり、消えてしまった。

サダープラルディタの身体は（神の超人的な力ではなく彼自身の）志と誓願《せいがん》によって、もとに戻り、やがて彼はダルモードガタに会い、その教えを聴くことができた。

「三三蔵祈雨事」の一節も、仏教における善知識の大切さを述べた文です。とともに、真の仏教を知る人を善知識として的確《てきかく》に評価し、その教えを純粋に求める〝民衆側の賢さ〟も大切であることはいうまでもありません。

15　その人の特徴に合わせて法を説かなければかえって悪道に堕《だ》すことになると教える「舎利弗《しゃりほつ》と金師《こんし》」の説話

舎利弗は金師が善知識・九十日と申せしかば闡提《せんだい》の人となしたりき（三三蔵祈雨事一四六八頁・一〇六六頁）

『涅槃経《ねはんきょう》』の第二十六巻「徳行品《とくぎょうほん》」に次のような話が出てきます。前項までと同じく、仏道修行において、善知識がどのように大切かを述べたものです。

バーラーナシー（ベナレス）に、釈尊が滞在《たいざい》していたころのこと。釈尊の弟子中、目《もく》連《れん》と並び称される舎利弗《しゃりほつ》が二人の弟子を教えていた。しばしば、釈尊に代わって法を教えたほどの舎利弗であったが、その二人に関しては、なかなか心定まる境涯には達することができなかった。舎利弗は、当時の仏道修行者の多くが、修行の最初の段階に行う「白骨観」と「数息観《すそくかん》」を二人に教えた。しかし、二人はなかなか修行が進まず、不信を持つに至った。

釈尊は見るに見かねて、舎利弗に言った。

「舎利弗よ。あなたの二人の弟子は、その性分がそれぞれ異なっている。二人の職業は、それぞれ金師（鍛冶《かじ》職）と浣衣《かんね》（洗濯職）である。金師には数息観を教え、浣衣の人には白骨観を教えるべきなのに、あなたは、それを顧《かえり》みることなく、逆に金師に白骨観を教え、浣衣の人に数息観を教えた。そういう誤りによって二人は間違った方向に入っている」

釈尊は金師に数息観を教え、浣衣の人に白骨観を教え、二人はすぐに聖者となった。

「白骨観」とは「不浄観《ふじょうかん》」ともいい、人が死んで肉体が腐敗《ふはい》し、白骨となる過程を鮮明にイメージすることです。それによって、いかに宝飾で着飾って容色が麗《うるわ》しい人間でも、血と肉と骨と汚物《おぶつ》の集まりにすぎず、人間は皆平等であり、外見や身分に執着してはならない、と実感するのです。

「数息観」とは、出る息、入る息を数え、心を集中し、世俗的な欲望を抑《おさ》える修行です。金師は日ごろから息を整え、鍛冶《かじ》をしており、浣衣《かんね》の者は、「不浄」に、人より敏感なはずです。そういう特徴を考えずに、むやみやたらに法を説いてはならない、ということを教えた説話です。

日蓮は、この説話を用い、いかに卓越《たくえつ》した仏弟子であった舎利弗でも、いつも真の善知識として人を導くことはできない、ゆえに、立派そうな僧侶の姿をした人であっても、当時の日本の高僧たちは善知識ではない、と破折しているのです。

16　子どもを亡くされた婦人に対して、残された者が懸命《けんめい》に生きることが故人にとって最善の道と語る「妙荘厳王《みょうしょうごんのう》・浄蔵《じょうぞう》・浄眼《じょうげん》」の説話

又子は財と申す経文あり、妙荘厳王は一期の後《ご》・無間大城と申す地獄へ堕ちさせ給うべかりしが浄蔵《じょうぞう》と申せし太子にすく（救）われて・大地獄の苦をまぬが（免）れさせ給うのみならず・沙羅樹《しゃらじゅ》王仏と申す仏とならせ給う（上野尼御前御返事一五七六頁・一八五八頁）

『法華経《ほけきょう》』の「妙荘厳王本事品《みょうしょうごんのうほんじほん》」に次のような話が出てきます。

数えきれないほどの昔のこと、「雲雷音宿王華智《うんらいおんしゅくおうけち》（雷鳴《らいめい》のように響《ひび》く声と星の王によって開花された智恵を有する）」と呼ばれる仏がいた。そのとき、妙荘厳という王がいて、王には浄徳《じょうとく》という妃《きさき》と、浄蔵《じょうぞう》・浄眼《じょうげん》という王子がいた。

浄蔵・浄眼の兄弟は、仏が法華経を説くのを聴聞《ちょうもん》したいと思い、王家の暮《く》らしや地位を捨てて仏に仕えることを、母である浄徳王妃に願った。しかし母はこう語った。

「あなたたちの父である妙荘厳王は、バラモンたちに帰依しています。だから仏に仕えることはお許しにならないでしょう」

しかし浄蔵と浄眼はきっぱりとこう言った。

「私たちは確かに、〈生まれ〉はこの家ですが、心は法の王（仏）の子どもです」

その決意に母は心を動かされ、二人にこう言った。

「何か父親の前で、バラモン以上の奇跡《きせき》をおこしてみなさい。そうすれば父は信じるでしょう」

二人は慈悲の心を抱《いだ》いて、父親の前に行き、仏によって許された奇跡を行った。

かねてバラモンたちの奇跡を信じていた父・妙荘厳は、二人の息子がバラモン以上の力を持っているのを見て、満足し、喜び、合掌《がっしょう》してこう言った。

「あなたたちの師はどなたなのか？　あなたたちはどなたの弟子なのか？」

「王よ、雲雷音宿王華智如来《にょらい》が今、法華経を説いておられるが、その方こそ、私たちの師（注・直接にはまだ兄弟は仏に帰依していない）であり、私たちはその方の弟子なのです」

「私もあなたたちの師にお会いしたい。どうか世尊のところに連れて行ってください」

兄弟は母のところに行って、こう告げました。

「お母さん、私たちは、父を無上《むじょう》の正しい智恵の方向に向かわせました。父に対して、師である仏が行うことを、私たちが代わって行わせていただきました。ですから、仏の弟子として値《あたい》すると思うのです。私たちを仏のもとに行かせてください。ウドゥンバラ

（優曇華《うどんげ》）以上に、勝利者（仏）は会いがたいのです。どうか、行かせてください」

二人の子の姿に打たれ、妙荘厳王《みょうしょうごんのう》も浄徳《じょうとく》王妃も、家臣・従者とともに、仏のもとに行き、仏に帰依することとなった。

妙荘厳王は雲雷音宿王華智如来に言った。

「世尊よ。この息子たちは私の師です。私はこの二人によって、間違った考え方から引き戻してもらったのです。そして仏の教えのもとに安住させてもらったのです。きっとこの二人は私の善友であって、私を救うために息子として、私の家に生まれたのでしょう」

仏は応えた。

「王よ、その通りです。あなたに善根《ぜんこん》があり、幸福だから、善友に恵まれたのです。仏に会うように人を励ます人こそが善友なのです」

妙荘厳王は、将来、「娑羅樹《しゃらじゅ》王（シャーラの木のように堂々とした王）」という仏になるという記別《きべつ》を受けた。妙荘厳は、法華経の会座《えざ》に集った華徳菩薩《かとくぼさつ》の前生《ぜんしょう》であり、浄徳は妙音《みょうおん》菩薩、浄蔵《じょうぞう》・浄眼《じょうげん》は、薬王《やくおう》菩薩・薬上《やくじょう》菩薩である。

天台大師《てんだいだいし》の『法華文句』には、浄蔵・浄眼と浄徳、妙荘厳のさらなる本生譚《ほんじょうたん》が説かれています。過去世に四人の求道者がおり、いつも、三人が修行し、一人が三人の身の回りの世話をしました。このうちの三人が、浄蔵・浄眼と浄徳であり、身の回りの世話をしたのが、妙荘厳と生まれたという物語です。もちろん、これは直接の仏道修行だけではなく、それを真心で助ける陰徳《いんとく》の大切さを訴えたものです。

本抄をいただいた上野尼《あま》御前は、南条時光《なんじょうときみつ》の母です。前年、時光にとっては弟にあたる五郎が十六歳で亡《な》くなりました。上野尼御前にとっては末っ子です。それから四カ月が過《す》ぎ、新たな年の新年となりました。新しい年が来たにもかかわらず、南条家には、ともに新年を祝うべき人が、一人いないのです。日蓮は残された母の悲しみに寄《よ》り添《そ》い、この手紙を書きました。この妙荘厳王と浄蔵の説話は、親にとって「子は財《たから》」であることの一例として述べたものです。

しかし、本抄で日蓮は、立派な子どもによって親が幸福になる（成仏する）ということを声高《こわだか》に教示してはおりません。子どもに会いたいという悲しみに寄り添いながら、残された者が懸命《けんめい》に生きることが、亡《な》き人にとって最善の道であることを語るのです。

17　親に仏道修行の功徳《くどく》を与えた亡き子どもを称えて、語った「目連《もくれん》と生提女《しょうだいにょ》（青提女）」の物語

生提女《しょうだいにょ》と申せし女人は慳貪《けんどん》のとが（咎）によつて餓鬼道に堕ちて候いしが・目連と申す子にたすけられて餓鬼道《がきどう》を出で候いぬ（上野尼御前御返事一五七六頁・一八五八頁）

『盂蘭盆経《うらぼんきょう》』という経典があります。インドで作られたものではなく、おそらく、かなり後の時代に中国で作られたものと考えられていますが、そこにこういう物語が出てき

ます。

釈尊《しゃくそん》の十大弟子の一人、目連《もくれん》が初めて神通力《じんずうりき》を得たとき、彼はその力を父母の恩を報じるために使おうと思った。彼が「道眼（修行によって得た目）」で世間を観《み》たとき、母親である生提女《しょうだいにょ》（青提女）が餓鬼《がき》の中に生まれているのを知った。

食べ物も飲み物もなく、骨と皮ばかりの母の姿を観た目連は、神通力で自分の鉢《はち》の飯を母の眼前に送った。しかし、口に入る前に食べ物から火が出て真っ黒になってしまう。

母親を助けることができない無力感にさいなまれ、目連は釈尊のところに行き、克明《こくめい》に事の次第を語った。釈尊は、雨季《うき》に修行者たちが遍歴《へんれき》を一度やめて、集いあう「夏安《げあん》居《ご》」の最後の「自恣《じし》（修行者たちが、お互いの足らないところを指摘しあう行為）」の日に、修行者たちに供養を行えば、現在の父母だけではなく、過去七代までの父母が餓鬼の苦しみを離れて、天人の中に生ずることができる、と目連に語った。目連がその通りの供養を行うと、母は餓鬼の苦しみから解放された。

「盂蘭盆《うらぼん》」という言葉の語源は、まだ解明されていません。「盂蘭盆」とは「倒懸《とうけん》」と訳し、「逆《さか》さにつるされること」の意味で、餓鬼道の苦しみを譬《たと》えたものであるという解釈が中国ではなされました。サンスクリットの「ウッランバナ」の音を写したものであるという解釈です。また、現代では古代ペルシャ語のウルヴァン（霊魂《れいこん》）という語が中国に入って「盂蘭盆」となったものだ、とも解釈されています。しかし、『盂蘭盆経』の原典はインドでは発見されておらず、ゆえに、この物語は、中国で「僧侶に供養《くよう》すべき盂蘭盆の行事」の由来を根拠《こんきょ》づけるために作られたもののようです。

この「盂蘭盆伝説」を利用して、日本では僧侶が「お盆には先祖供養のために当寺で盛大な供養を」などと言っているのは、亡き人のことを思う純粋《じゅんすい》な心につけ込んでいるといえるでしょう。亡き人のことを思うなら、「お盆」や「お彼岸《ひがん》（もともと『彼岸』という言葉は『仏の境涯』を意味したのです。春分の日や秋分の日の意味はありませんでした）」にだけ、僧侶に読経《どきょう》してもらうだけでいいというのは、仏教本来のあり方からしても、人としてのあり方からしても、少し違うように思います。本当に亡《な》き人を供養するためには、生きている我々が恥《は》ずかしくないような仏道修行をなしていくことが仏教の本義にかなうといえるでしょう。

このように「盂蘭盆《うらぼん》」は本来仏教とは関係ないのですが、目連《もくれん》と母、目連と餓鬼《がき》については、原典と思われるものがインドにあります。まず『プールナ・アヴァダーナ』という経典に、目連と母の話が出てきます。

あるとき、目連が天眼をもって亡き母の行き先を観《み》れば、（『盂蘭盆経』の餓鬼界ではなく）遠くのマリーチカという国に生まれていた。母は仏法を知らなかったので、目連は釈尊《しゃくそん》とともにその国に赴《おもむ》いた。そして、釈尊が法を説き、母は仏法にめぐりあうことができた。

また『アヴァダーナ・シャタカ』という経典には、目連と餓鬼についての話が出てきます。ある日、目連がラージャグリハ（王舎城《おうしゃじょう》）を訪れたとき、骨と皮になった餓鬼たちを観た。もとは裕福な商人だったが、金儲《もう》けに明《あ》け暮《く》れ、貧しき人々をバカにし、施《ほどこ》しをしなかった。それで餓鬼の世界に堕《お》ちたのだという。

哀《あわ》れに思った目連は彼らの意向を聞き入れ、まだ生きている親戚《しんせき》たちに、布施《ふせ》をさせることにした。それによって、親戚の者たちも、貪欲《とんよく》の心をなくし、餓鬼たちも釈尊に帰依《きえ》し、天界の最上に生まれることとなった。

この『プールナ・アヴァダーナ』と『アヴァダーナ・シャタカ』の伝承が、中央アジアや中国で融合《ゆうごう》し、そこに「盂蘭盆会《え》」の思惑が入り、「目連による盂蘭盆」由来の伝説ができたと思われます。目連は非常に行動的、実践的な人だったので、神通力《じんずうりき》を持っているとか、餓鬼界に行ったとかという伝承ができたのかもしれません。

日連は目連が母を救った物語に触れながら、親に仏道の功徳を与える子の素晴らしさを語ります。「お盆の供養」の大切さなどは述べません。前項で述べたように、この御書をいただいたのは、愛する子を失って数カ月の母（上野尼《あま》御前）です。本抄では、信仰に純粋《じゅんすい》に生きた息子の姿が、深い追憶《ついおく》の念とともに語り、亡き人の生前の生き方に対し、残された者も純粋な信仰をもって応《こた》えていくべきであると、示されるのです。

18 物《もの》の怪《け》の力を借りて超人的な力を振りかざす占い師や祈禱師《きとうし》のインチキ性をあばいた「鬼弁婆羅門《きべんばらもん》と馬鳴《めみょう》」の物語

鬼弁婆羅門《きべんばらもん》がとばり（帷）は多年人を・たぼら（誑）かせしかども阿溼縛寠沙菩《あすばくしゃ》薩にせめられて・やぶれぬ（報恩抄三一一頁・一二三一頁）

馬鳴《めみょう》は、紀元後二世紀前半ごろ、クシャーナ朝のカニシカ王の尊敬を受けた仏教詩人です。「馬鳴」は彼の名前「アシュヴァゴーシャ」の意味を漢語に訳したもので、「阿溼《あす》縛《ば》寠《く》沙《しゃ》」は音《おん》を写したものです。仏教文学の最高峰の一つ、『ブッダチャリタ（仏所行讃《ぶっしょぎょうさん》）』の作者として仏教史に輝かしい足跡を残しています。玄奘《げんじょう》の『大唐西域記《だいとうさいいきき》』第八巻には、この馬鳴《の》が「鬼神《きじん》から弁舌《べんぜつ》の才能を得た（鬼弁《きべん》）」という婆羅門《ばらもん》の本性をあばいたという話が載っています。

昔、マガダ国に一人のバラモンがいて、林の中に住み、世間と交《まじ》わらず、鬼神《きじん》の類《たぐい》と仲良くしていた。そして、その妖怪《ようかい》の通力《つうりき》によって、立派そうな話ができるようになった。何人もの知者が、論争を挑《いど》んだが、バラモンはからくりがばれないように、帷《とばり》を垂《た》れてその向こうから話をするのであった。鬼神の力で彼は次々と論争に勝っていった。

その時、アシュヴァゴーシャという人がいた。彼はバラモンの秘密を見破っていた。「バラモンは今までずっと独《ひと》りで住んでいて、どの学匠《がくしょう》に習った形跡《けいせき》もない。これは鬼神の類が仲間であるに違いない。鬼神の力による弁才《べんさい》ならば、本人が習い覚えているのではないから、同じ言葉であっても、二度は語れないはずだ」

彼は、弟子入りをするふりをしてバラモンに会いに行った。しかし、バラモンは、帷《とばり》を上げようともしない。そしてその言葉には傲慢《ごうまん》さが漂《ただよ》っていた。次にアシュヴァゴーシャは論争のために、バラモンのもとに乗り込んでいった。彼の言葉にバラモンが反論をしたとき、「もう一度、言ってください」とアシュヴァゴーシャは言った。するとバラモンは何も言えない。隙《すき》を見て帷を開けると、そこには鬼神にもう一度答えを教えてもらっているバラモンの姿があった。

「報恩抄」では、当時の真言宗の姿を、物《もの》の怪《け》の力を借りて、超人的な力を振りかざす鬼弁婆羅門《きべんばらもん》の姿に譬《たと》えています。

19　仏教の正統の流れに位置する者は必ず難に遭《あ》うことを教える「仏陀密多《ぶっだみった》と竜樹《りゅうじゅ》」の故事

仏陀密多《ぶっだみった》・竜樹菩薩《りゅうじゅぼさつ》等は赤幡《あかきはた》を七年十二年さしとをす（報恩抄二九七頁・一一九九頁）

仏陀密多は、インドの古典語サンスクリットのブッダミトラ（同じくパーリ語ではブッダミッタ）の音《おん》を漢語に写したもので、付法蔵《ふほうぞう》の八番目に当たるインドの論師です。『付法蔵因縁伝《いんねんでん》』第五巻に、次のような話が出てきます。

仏陀密多は、徳も高く、説法も上手であった。ある大王が統治する国があった。王は外道を信じ、高慢にも仏教を謗《そし》っていた。仏陀密多はこう考えた。
「私は貴き仏の教えを受け継《つ》ぐものである。世の中の優《すぐ》れた眼ともいうべきこの教えを、彼の邪見《じゃけん》の王に何としても教えたい」

そう考えた仏陀密多は、なんと十二年間も赤い幡《はた》を持ち、王の行く先にずっと立っていた。これには、仏教を軽蔑《けいべつ》し無視を続けた王も音《ね》をあげ、仏陀密多と会い、外道との公開討論会を開いた。弁才に優れた者が国中から集ってきたが、仏陀密多は一言で彼らを論破した。最後は王をも論破し、王は仏教に帰依することとなった。

竜樹は、サンスクリットの「ナーガールジュナ」の意味を漢語に訳したもので、仏教史に輝く大乗《だいじょう》の大論師です。付法蔵の十三番目（順番については、仏陀密多も竜樹も異説がある）にあたります。同じく『付法蔵因縁伝《ふほうぞういんねん》』第五巻に、七年間にわたり赤き幡《はた》を持って、南インドの王に仏教を信じさせたという話が出てきます。仏教の理論的大成者である竜樹は、徹底した菩薩道《ぼさつどう》の実践者で、傲慢《ごうまん》な権力者に対しても、民衆の側に立って批判したことで知られています。

『付法蔵因縁伝』に出てくる王は、南インドのサータヴァーハナ国王であると思われます。竜樹は、王に『ラトナーヴァリー（宝行王正論）』という一書を贈っていますが、政治犯の釈放、病人、孤児、苦に悩む者、差別された人に対する保護、災厄《さいやく》などで荒廃《こうはい》した地域の復興と税の減免なども要求しています。

「報恩抄」では、釈尊以来の仏教の歴史を概観《がいかん》し、仏陀密多・竜樹を含む、仏教の正統の流れに位置する人々は、常に迫害とそれに対する抵抗（折伏《しゃくぶく》）の人生であったことを述べて、日蓮自身の逢難《ほうなん》の理由を明かすのです。

20　妙法（法華経）は不妄語《ふもうご》の教えであるとの譬えとして引く「班足王《はんそくおう》・普明王《ふみょうおう》」の物語

釈迦如来は普明王とおは（在）せし時ははんぞく（班足）王のたて（館）へ入らせ給いき・不妄語戒を持《たも》たせ給いしゆへなり（南条殿御返事一五二九頁・一一三七頁）

建治二年、南条時光が、日蓮に、新年のお祝いの書簡と真心の供養の品々を贈りました。日蓮は、本抄で、細《こま》やかにお礼を述べ、時光の妙法への揺《ゆ》るぎなき信仰が時光自身の幸福につながるとともに、亡き父親への最高の供養となると語ります。そして、妙法《みょうほう》

（『法華経』）は、不妄語《ふもうご》の人である釈尊《しゃくそん》の真実の教えであることが強調されます。

このときに、普明王《ふみょうおう》と班足王《はんそくおう》の物語が引かれるのです。この物語は、『大智度論《だいちどろん》』第四巻に出てくるもので、釈尊の本生譚《ほんじょうたん》の一つです。以前に何度か述べたように、釈尊の本生譚は、歴史的事実として釈尊の過去世を述べたものというより、忍辱《にんにく》や精進《しょうじん》、また利他の布施行《ふせぎょう》などの仏道修行の貴《とうと》さを述べたものです。

昔、スタソーマ（音を漢語に写して、須陀須摩《すだすま》、須陀摩《すだま》。意味をとって普明《ふみょう》）という王がいた。この王は身を慎《つつし》み、とくに、不妄語戒《ふもうごかい》（ウソをつかないという誓い）を守り、つねに真実語を語っていた。ある日、王は一人の婆羅門《ばらもん》に出会い、後日再び会うことを約束した。

カルマーシャパーダ（班足、鹿足《ろくそく》）という非道の王がいた。彼は次々と他国の王を拉《ら》致《ち》しては、王宮に幽閉《ゆうへい》していた。あるとき、スタソーマも捕《つか》まり、カルマーシャパーダの王宮に引致《いんち》された。彼は真剣に悪王に言った。

「私は真実の言葉を守らねばなりません。私は一人の婆羅門に再会を約束したのです」

王の真剣さに、さすがの悪王も「七日だけ猶予《ゆうよ》を与えよう。しかし、あなたは真実語を守るならば、その言葉通り、ここに帰ってこい」。

スタソーマは、居城《きょじょう》に帰り、婆羅門との約束を果たした。そして、自らの身の安穏よりも、カルマーシャパーダとの約束を守り、悪王の王宮に帰った。

真実語を守るスタソーマの生き方に打たれて、カルマーシャパーダは改心し、スタソーマも、他の王も解放したのである。

21 末法の広宣流布を担《にな》えることが最上の喜びであることを教える「阿私陀仙人《あしだせんにん》と欝頭羅弗《うずらんほつ》」の故事

例せば阿私陀《あしだ》仙人が悉達《しった》太子の生れさせ給いしを見て悲しんで云く……梁《りょう》の武帝の願に云く「寧《むし》ろ提婆達多《だいばだった》とな（成）て無間地獄には沈むとも欝頭羅弗《うずらんほつ》とはならじ」と云云（撰時抄二六〇頁・一〇〇九頁）

阿私陀も、欝頭羅弗も、ともに仏伝（釈尊の人生記録）中の登場人物です。

阿私陀は、インドの古典語サンスクリットのアシタの音《おん》を写したものです。最古の仏典『スッタ・ニパータ』には、次のような伝承《でんしょう》が記《しる》されています。

アシタは、スッドーダナ（浄飯《じょうぼん》、釈尊の父親）王の技芸の師であり、宮廷づきの婆羅《ばら》門《もん》であった。あるとき、彼は神々が喜び踊《おど》っているのを目にする。聞くと、ボーディサッタ（菩薩《ぼさつ》、ここでは将来、仏となる人のこと）が人々の幸福のために、釈迦族の王子として、人間世界に生まれたのだという。

アシタは、スッドーダナ王の宮殿に入り、生まれたばかりの王子を見てなんと涙を流した。

釈迦族の人々は「何か不吉な相がありますか？」と不安になり、アシタにたずねた。アシタの答えは違っていた。

「不吉であるから涙を流したのではありません。この方は最高の智慧《ちえ》を得て、多くの人々の幸福のために、多くの人々を憐《あわ》れみ、教えを車のように転じ、その行いは広く広まっていくでしょう。しかし、私の命は長くありません。私はこの方が教えを説くのを聴きたかったのです」

アシタにはナーラカという優れた甥《おい》がいた。彼にアシタは「もし将来、目覚めた方（ブッダ＝仏陀）の噂《うわさ》を聞いたら、すぐさまその方の弟子となるように」と諭《さと》した。

そしてアシタの言う通り、王子は目覚めた人となり、ナーラカは信仰の心を起こした。

欝頭羅弗《うずらんほつ》というのは、同じくサンスクリットのウドラカ・ラーマプトラ（パーリ語は、ウッダカ・ラーマプッタ）の音《おん》を写したものです。これも古い『マッジマ・ニカーヤ』という仏典の中の「聖なる求め」という経典に出てきます。

名誉と財産が、人間の本当の苦しみの解決には、何の助けにもならないことを知ったシッダッタ王子（釈尊《しゃくそん》）は、王家の暮らしを捨てて、粗末《そまつ》な衣服を着て、真理を知る人を求めて旅に出た。そして彼はウッダカ・ラーマプッタという聖者に会った。

ウッダカは「非想非非想処《ひそうひひそうしょ》」ということを説いた。
（つまり人間はすべて自分を中心に、他者を判断する。例えば「この人は自分と同じ民族だ」とか「他の民族だ」とか。そして他者を排除する。そのような自己中心的な判断作用をなくすことが「非想」である。しかし、「自分はそのような自己中心的な考えを捨てた」と思っても、それが慢心《まんしん》になり、自己満足になれば、その「非想」は結局、自己中心的な判断そのものに堕落する。ゆえに、聖者はそれも気をつけて排除しなければならない。これができる境涯が非想非非想処である）

しかし、シッダッタ王子は、まもなく、その境涯を得た。そして、師ウッダカが「私に代わって、私の教団のリーダーとなってほしい」と言ったが、それを断り、また求道の旅に出た。やがて、シッダッタは、目覚めた人となり、かつての師に恩返しをしようとウッダカのもとに帰ってみると、すでにウッダカは死んでいた。

日蓮は「撰時抄《せんじしょう》」で、それまでの一般的な常識では、末法は仏教が滅《ほろ》び、混乱が続く暗黒の時代と考えられていたものを、むしろ、末法はもっとも悲惨《ひさん》な時代であるゆえに、人を救うために大法を流布せねばならないときである、とその一般的な常識を逆転しています。

そして、釈尊に対するアシタやウッダカ（ともに世間から認められる聖者でありながら、仏としての釈尊の説法に出会えなかった）のように、当時（鎌倉時代）の世間の人たちから尊敬され、うらやましいと思われていた末法以前の有名な仏教者は、末法の妙法蓮華経の流布の主体となることができないと述べます。そして、どのような難に遭遇《そうぐう》したとしても、末法広宣流布の主体者となることの喜びが最上《さいじょう》のものであることを語るのです。

なお、梁《りょう》は中国の南北朝時代、南朝ではもっとも盛《さか》えた王朝で、武帝《ぶてい》（在位五〇二～五四九年）は仏教を信奉《しんぽう》した王として知られています。

22 法華経の実践者はいかに外見がみすぼらしく見えても、尊極の心を具えていることを教える「伊蘭《いらん》と栴檀《せんだん》」の譬喩《ひゆ》

袋きたなしとて金を捨る事なかれ・伊蘭《いらん》をにく（憎）まば栴檀《せんだん》あるべからず、谷の池を不浄なりと嫌はば蓮を取らざるべし（祈禱抄一三五二頁・六七九頁）

伊蘭は、サンスクリットのエーランダの音《おん》を漢語に写したものです。トウダイグサ科

のトウゴマの類《たぐい》で、種子からは下剤《げざい》のヒマシ油が採《と》れます。また、種子には、リシンなどの毒性があるアルカロイドが含まれていますが、搾《しぼ》りかすに残るので、ヒマシ油の中には出ません。しかし、古くから悪臭を発する植物の代表とされます。

栴檀は、サンスクリットのチャンダナの音を写したもので、香木《こうぼく》の白檀《びゃくだん》のことです（紛《まぎ》らわしいことに、日本には、センダン科のセンダンという名前は同じですが、別種の植物があります）。香木と悪臭の木という対比から、また二つが同じインドの森で見つかるとの発想から、伊蘭と栴檀は並んで仏典にしばしば登場します。例えば、『涅槃経《ねはんきょう》』第二十巻には、次のような話が出てきます。

マガダ国のビンビサーラ王は、仏教に深く帰依し、慈悲の心で、国を統治していた。彼の王子アジャータシャトル（阿闍世《あじゃせ》）は、性格が凶暴《きょうぼう》で、殺生《せっしょう》を好んだ。彼は欲心で王位を狙《ねら》い、父王を幽閉《ゆうへい》して殺してしまった。

しかし、父を殺した良心の科《とが》に彼は悩み、心身ともに重い病気となった。名医にして、王家の大臣であり、また釈尊の弟子であったジーヴァカ（耆婆《ぎば》）に、アジャータシャトルは病気の治療《ちりょう》を懇願《こんがん》した。ジーヴァカは「確かにあなたは重い罪を犯しましたが、深く反省しています。その深い悲しみを治せる方は釈尊《しゃくそん》しかいません」と、王子を釈尊に導いた。

王子は釈尊の慈《いつく》しみの心に触れて、病が癒《い》えた。そして、このように語る。

「今、悪臭で低木の伊蘭《いらん》から、香り高き栴檀《せんだん》の高木が生じたのです」

このアジャータシャトル（阿闍世）の言葉は、悪で汚《よご》れた人間の心にも、仏界という尊極の生命が具《そな》わっていることを譬《たと》えたものです。「祈禱抄」では、法華経の実践者はいかに、身分が低く、外見がみすぼらしくとも、尊極の心を具えている、ということの譬えとして、伊蘭と栴檀が使われているのです。

23 もっとも苦悩する人の友になることが仏教の根本精神であることを示す「日蓮は旃陀羅《せんだら》の子」の言葉

日蓮は日本国・東夷《とうい》・東条・安房の国・海辺の旃陀羅《せんだら》が子なり、いたづらに・く(朽)ちん身を法華経の御故に捨てまいらせん事あに石に金《こがね》を・かふるにあらずや(佐渡御勘気抄八九一頁・五一一頁)

日蓮今生には貧窮下賤《びんぐげせん》の者と生れ旃陀羅《せんだら》が家より出《いで》たり……心は法華経を信ずる故に梵天帝釈をも猶恐しと思はず(佐渡御書九五八頁・六一四頁)

世界史的に見ても画期的な、十三世紀の「人権宣言」「平等宣言」です。施陀羅とは、サンスクリットの「チャンダーラ」の音《おん》を漢語に写したものです。カースト（この言葉自体はポルトガル語に由来します。インドでは「ヴァルナ」といいます）制度の最下層のスードラ（隷民《れいみん》）より、さらに低い身分と見なされ、人々からは触《ふ》れても穢《けが》れる、近づいても穢れると、貶《おとし》められていました。清掃《せいそう》などの職業に従事することを余儀《よぎ》なくされていました。流浪《るろう》の民で、多くは大道芸に従事していたマウシュティカと呼《よ》ばれる人々とともに、インド社会の最底辺を形成していたのです。ちなみに、ガンジーはこの人々に「ハリジャン（神から生まれた子）」と名づけ、固陋《ころう》な差別に反対しました。

日蓮は自らの出自《しゅつじ》を最下層の民衆の中にあるとし、そのような社会的な身分の如何《いかん》にかかわらず、『法華経』の信仰のゆえに、人として尊貴であると、宣言するのです。逆に、日蓮は時の最高権力者に対しては、「わづかの小島のぬしら（主等）」（九一一頁・九六二頁）と宣言しています。

『テーラ・ガーター』という経典があります。これは釈尊の男性の仏弟子が自らの人生を語るという「体験談集」のような経典です。ここに、スニータという一人の仏弟子の回想が残っています。

「私は賤《いや》しい家に生まれました。貧《まず》しく日々の食べるものもままならないありさまでした。私の日々の仕事は人から蔑《さげす》まれるもので、萎《しぼ》んだ花などの汚物《おぶつ》を掃除《そうじ》することでした。人々には忌《い》み嫌《きら》われ、軽蔑《けいべつ》され、罵《ののし》られました。私は心を小さくしながら人々に挨拶《あいさつ》したのです。

あるとき、私は、正しい智慧《ちえ》を持つ人、偉大な勇者が、人々とともに、マガダ国の都にいらっしゃったのを知りました。

私はいてもたってもおられず、（ごみを担《かつ》ぐ）天秤棒《てんびんぼう》を投げ捨て、ブッダの顔を一目見てあいさつをしようと、走っていったのです。

人として最高の人は、そこで、私が近づいてくるのを、じっと、立って、慈愛《じあい》あふれるまなざしで、待っていてくださった。

そして私は、師の足に敬礼し、立ち上がると、命あるものの最上者に、思わず願ったのです。『集いの一員にしてください』

そのとき、慈悲深い師、全世界を慈しむその人は、おっしゃったのです。『我が弟子よ。こちらに、おいでください』と。これが私の受戒《じゅかい》だったのです」

当時、相手の身分によって使う敬語が決まっていました。釈尊が「おいでください」と言ったのは、当時の言葉で「エーヒ」です。これは実はカーストの最高位、バラモンに対して使う言葉だったのです。二番目のクシャトリヤ（王族）には、「アードラヴヤ」、三番目のヴァイシャ（一般市民）には「アーガッチャ」、スードラ（隷民《れいみん》）には、「アードヴァラ」と使い分けねばならなかったのです。釈尊は、チャンダーフのスニータに対して、最高の敬語で語りかけたのです。当時、釈尊のもとには、身分の差別を超えて、さまざまな人が平等に集ったのです。

ちなみに、当時のバラモン教では、この身分差別を肯定《こうてい》するために、「過去世の悪業《あくごう》で人はチャンダーラとして生まれる。過去世の善業《ぜんごう》によってバラモンと生まれる」などと主張していました。これは最初から、チャンダーラを「悪」の存在として決めつけているのにほかなりません。チャンダーラ出身のマータンガという仏弟子がいました。彼について、釈尊はこう語っています。

「チャンダーラの子のマータンガという人が私の弟子にいます。しかし、マータンガの名は高く、世に広く知られていたのです。マータンガは、得がたき最上の名声を得て、多くのクシャトリヤやバラモンが彼のところに教えを聞くために赴《おもむ》いたのです。そして、彼の言うことに従いました。

彼は神々の道、清浄《せいじょう》な大道を登りました。欲望を離れて梵天《ぼんてん》の世界に行ったのです。世間が問題にする賤《いや》しき生まれは、何の障害でもなかったのです。

逆に、ヴェーダを読誦《どくじゅ》するバラモン階級の家に生まれ、ヴェーダの文々句々にいくら慣《な》れ親しんでも、悪業《あくごう》を行っている輩《やから》はいくらでもいます。

人は生まれによって、賤しい人となるのではありません。生まれによって聖者になるのではない。今、卑《いや》しい行いをする人が今、卑しい人であり、今、正しい行いをする人が今、聖者なのです」

仏教歴史書『マハーヴァンサ』には、一人の仏道修行者が人々に迫害される場面がありますが、その迫害する側の一人がこう語っています。

「彼はきっとチャンダーラだ。なぜならば、チャンダーラはいつもカーサーヤを着ているから」（『マハーヴァンサ』、第五章）

カーサーヤ（カシャーヤ）の音を写したのが、「袈裟《けさ》」です。実は、袈裟はチャンダーラが着ていたみすぼらしい粗末《そまつ》な衣《ころも》のことだったのです。釈尊は王子でしたが、自らチャンダーラと同じ衣を着し、同じ生活に入ったのです。釈尊から日蓮。もっとも苦悩する人の友となるのが、仏教の根本精神なのです。

24 釈尊の九横《くおう》の大難《だいなん》を超える難に遭うことによって日蓮が末法の法華経の行者であることを明かした

仏に九横《おう》の大難有り所謂孫陀利《そんだり》の謗と金鏘《こんず》と馬麦《めみゃく》と琉璃《るり》の釈を殺すと乞食空鉢《こつじきくうはつ》と旃遮女《せんしゃにょ》の謗と調達が山を推《お》すと寒風に衣を索《もと》むるとなり（法華行者逢難《ほうなん》事九六六頁・七九七頁）

「法華行者逢難事」は、日蓮が流罪《るざい》中の佐渡の地から、門下一同に与えた消息です。日蓮は、二度の流罪や竜《たつ》の口《くち》の斬首《ざんしゅ》など、釈尊が出会った難を超える大難に遭ったことを述べ、ご自身こそ末法の法華経の行者であることを明示します。

「九横の大難」とは、釈尊が在世中に受けた九つの大難のこと。「法華行者逢難事」では、このうち八つの名が挙《あ》げられています。原典はおそらく『大智度論《だいちどろん》』第九巻と思われます。九種類に関しては、諸説があります。

1、孫陀利《そんだり》の謗《そしり》　『ジャータカ（本生経《ほんじょうきょう》）』の二八五節に詳説《しょうせつ》されます。

サーヴァッティ（シュラヴァスティ、舎衛国《しゃえこく》）のジェータの森に、釈尊が滞在していたときのこと。外道の人々は、「我々は太陽が昇った後の蛍《ほたる》のようになってしまった」とその名声に嫉妬《しっと》した。そしてサーヴァッティで有名な美女のスンダリーに眼をつけたのである。「ゴータマ（釈尊《しゃくそん》のこと）という悪い修行者が、人々を誑《たぶら》かし、私たちを苦しめています」と悲しそうな顔をして近づく外道たちに、スンダリーは騙《だま》された。「私はゴータマのところに行きます」とわざと人々に言っては、ジェータの森に行くふりをし、早朝、ジェータの森から帰ってくるふりをして、人に「私は今ゴータマのところから帰ってきました」と言いふらした。

数日後、外道のものたちは悪漢《あっかん》に金を渡して、スンダリーを殺させて、釈尊《しゃくそん》の住所近くのごみ溜《た》めに、その死体を捨てさせた。

そして、外道たちはスンダリーがいなくなったと騒《さわ》ぎ立てた。そしてスンダリーの死体が見つかると、「ゴータマたちのやったことだ」と触《ふ》れ回った。サーヴァッティの人々はそれを信じ、釈尊たちを罵《ののし》った。

しかし、ある日暴漢《ぼうかん》たちは、スンダリーを殺して得た金で酒を飲んで、「お前が、最後はスンダリーを殴《なぐ》り殺した」「いや悪いのはお前だ」と仲間割《わ》れを始め、すべての悪事は露見《ろけん》した。

2、婆羅門《ばらもん》城の金漿《こんず》　具体的なあらましについては『大智度論《だいちどろん》』第八巻に出てきます。

釈尊が阿難とともに、バラモンの住んでいる城都《じょうと》に到着したときのこと。バラモン城の王は「徳の高いという評判の仏がここに来たならば、私の名声は地に落ち、だれも私の言うことを聞かなくなるだろう」と考え、「仏に食を与えた者には、重い罰金を科《か》す」という布告を行った。

バラモン城に入った釈尊と阿難《あなん》に対し、誰も食べ物を与えてくれない。ある家に一人の年老いた召し使いがいて、腐《くさ》った食べ物（漿《しょう》）を捨てようとしていた。彼は釈尊の姿を見て、「私の手には、これしかありません。申し訳ないですがもし、よろしければ」とその食べ物を釈尊に供養し、その真心を釈尊は称《たた》えた。

3、阿耆多《あぎた》王の馬麦《めみゃく》　仏伝（釈尊の人生記録）の一つ『中本起経《ちゅうほんぎ》』の掉尾《とうび》（第十五章）はタイトルが「仏が馬の餌《えさ》を食べること」で、まさに、ここに「阿耆多王の馬麦」が紹介されています。

釈尊が弟子たちとともに、弘教《ぐきょう》の旅からアナータピンディカの園林《おんりん》に帰ったときのこと。ヴァイランジャーという村に、アグニダッタ（阿耆多《あぎた》）という名のバラモンがいた。釈尊の評判を聞き、自分の住むヴァイランジャーにも教えを説きに来ていただきたい、と請《こ》うた。

釈尊は大勢の弟子たちと、ヴァイランジャーに行ったが、アグニダッタは釈尊と出会ったときの志も約束も忘れ、華美《かび》な装飾品と、女性たちと、豪華な暮らしに耽溺《たんでき》していた。そして、臣下に「三カ月の間、わしは（女性たちのいる）後宮から一歩も出ないから、だれが来ても取り次いではならない」と命令したのであった。

リーダーがその調子であるから、その村も人倫《じんりん》は退廃《たいはい》し、困っている人を見ても誰も助けないような風潮であった。釈尊と弟子たちも三カ月の間、食べ物にも事欠くありさまで、哀《あわ》れんだ馬の飼育係が馬の餌《えさ》の麦を釈尊たちに与えた。

4、瑠璃《るり》の殺釈《せっしゃく》『五分律』第二十一巻、『四分律』第四十一巻、『ジャータカ』の「序」

など、多数の文献に登場する釈尊の晩年の悲劇の一つです。

釈尊の友人であったコーサラ国の有徳の王、プラセーナジット（波斯匿王《はしのくおう》）が留守の間に、王子のヴィドゥーダバ（サンスクリットは、ヴィドゥーダカ、波瑠璃《はるり》）が王権を奪ってしまう。ヴィドゥーダバ王は、母親は釈迦族の国、カピラヴァットゥの生まれで身分が低かった。

ヴィドゥーダバ王は、昔、多感な十六歳のとき、母の故郷、カピラヴァットゥにしばらく滞在《たいざい》していた。そのとき、母親の身分が低いと口汚《くちぎたな》く罵《ののし》られ、ひどい仕打ちを受けたのだった。ヴィドゥーダバ王子はそのときまで母の生まれを知らなかった。

王権を簒奪《さんだつ》するとすぐ、ヴィドゥーダバ王はカピラヴァットゥを侵略《しんりゃく》し、釈迦族の虐殺《ぎゃくさつ》を行った。

5、乞食空鉢《こつじきくうはつ》

「婆羅門《ばらもん》城の金漿《こんず》」と同じエピソードで『大智度論《だいちどろん》』第八巻に出てきます。

釈尊に一切の食べ物を与えてはならないという、バラモンの命令によって、托鉢《たくはつ》乞食行の釈尊たちの鉢《はち》が常に空であったという物語です。

6、旃遮女《せんしゃにょ》の謗《そしり》 『ジャータカ』の第四七二節に出てきます。

釈尊が「目覚めた人（ブッダ、仏陀、仏）」となって、その教えを実践する弟子たちも次々と聖者の境涯を得るようになって、日に日に、人々の信頼は高まっていった。嫉妬《しっと》した外道たちは「私たちも目覚めた人だ。あいつだけが目覚めた人であるわけはない」と言ったが、だれも尊敬しない。

「どうしたら、人々の目の前でゴータマに恥《はじ》をかかせ、非難を起こさせ、尊敬をなくすことができるだろうか」と、彼らは考えた。

そのときに、サーヴァッティー（舎衛国《しゃえこく》）に、チンチャーマーナヴィカー（旃遮女）という名前の女性の修行者がいた。外道たちは、わざと真剣に苦悩している表情をして、彼女に言った。

「ゴータマという悪い修行者がいて、彼のために私たちは悩んでいるのです」

チンチャーマーナヴィカーは彼らに誑《たぶら》かされ、その陰謀《いんぼう》に手を貸すこととなった。彼女はわざと人に見つかるように、朝、ジェータ森から帰ってきて、出会った人ごとに「私はゴータマ様のところにいた」と言いふらした。

数カ月後、チンチャーマーナヴィカーは、お腹《なか》に妊婦《にんぷ》がするように布を巻き付け、八、九月が過ぎると、腹に丸い板を縛《しば》りつけ、手足を自分で叩《たた》いて腫《は》れ上がらせ、荒い息をして過ごしていた。つまり、身籠《みご》ったふりをしたのである。

そしてある日、人々に釈尊が教えを説いているときに「あなたは、ご立派に人々に教えを説いているのに、こんな私に食べ物も用意してくださらない」と、大声でなじったのである。このとき、小さなネズミが丸い板をくっている紐《ひも》を噛《か》みきり、板は地面に堕《お》ちて、彼女の謀《はかりごと》はついえたのである。

7、調達《ちょうだつ》が山を推《お》す　『ヴィナヤ（律蔵《りつぞう》）』の第一章にあります。

悪逆の提婆達多《だいばだった》（デーヴァダッタ、調達）は、阿闍世王《あじゃせおう》の信頼を得て、家臣・兵士たちを自由に使えるようになった。そこで、ある道を釈尊が歩いてくるのを見て、一人の兵士に「この道を歩いてくる男を殺せ！　そしてそのまま、この道を戻ってこい」と命じる。そして別の二人の兵士に「この道を歩いてくる一人の男を殺せ！　そしてそのまま、この道を戻ってこい」と命じた。別の四人の兵士に「この道を歩いてくる二人の男を殺せ！　そしてそのまま、この道を戻ってこい」と命じる。別の八人の兵士に「この道を歩いてくる四人の男を殺せ！　そしてそのまま、この道を戻ってこい」と命じる。別の十六人の兵士に「この道を歩いてくる八人の男を殺せ！　そしてそのまま、この道を戻ってこい」と命じる。邪知《じゃち》ある彼は、証拠を徹底的に消そうとしたのである。

しかし、すべての兵士が次々と釈尊の姿に心打たれ、仏弟子となってしまった。

怒った提婆達多は、「俺《おれ》が殺す」と、耆闍崛山《ぎしゃくっせん》の上から、下を通りかかる釈尊めがけ

Ⅱ-24　九横の大難

て大石を落とす。石は途中で割れ、釈尊の命は助かったが、足にけがをしてしまった。

8、寒風に衣を索《もと》む　『大智度論《だいちどろん》』巻八に出てきます。

釈尊はいつもぼろぼろな衣をまとっていた。また、満足な家に住まず、常に洞窟《どうくつ》や森に住んでいた。ある年の、冬至《とうじ》前後の八夜の間、異様な寒風が吹きすさび、竹が破裂《はれつ》するほどであった。釈尊は凍死《とうし》寸前のところであった。

9、阿闍世《あじゃせ》王の酔象《すいぞう》を放つ　『説一切有部律《せついっさいうぶりつ》』第八巻の「教団破壊の章」に出てきます。

提婆達多は、阿闍世王の王宮づきの象師《ぞうし》たちをたばかり、ナーラギリという凶暴《きょうぼう》な象《ぞう》を釈尊が歩いている道に向けて放ったが、釈尊の威厳《いげん》に、ナーラギリはおとなしく、その前にひざまずいた。

III

福徳ある生活

1　仏に四つの石の鉢《はち》（食べ物を入れる器）を供養したことによって、「富貴《ふうき》の神」となった毘沙門天《びしゃもんてん》

毘沙門天《びしゃもん》は仏に四つの鉢を進らせて四天下・第一の福天と云はれ給ふ（秋元御書一〇七二頁・一七三一頁）

毘沙門天は、梵名《ぼんめい》のヴァーイシュラヴァナの音《おん》を写したもので、仏教では、仏の教えをよく聞くという意味で解釈されることがあります。また、意味をとって、多聞《たもん》・普聞《ふもん》

と訳されることもあります。

もともと、ヴァーイシュラヴァナはインド神話の神であり、悪霊《あくりょう》の長ともされていましたが、仏教に取り入れられ、その力の強さから、仏法守護の四つの強力《ごうりき》の神々（四天王）の一つとなりました。インド神話では、世界の富を司《つかさど》る神ともされており、そういう伝承の影響もあり、日本仏教でも、毘沙門天は富貴財宝に関係する神であると考えられていたのです。『大智度論《だいちどろん》』第二十六巻には、次のような話が出てきます。

釈尊が成道して、最初に食事をしようとしたときに、鉢《はち》がありませんでした。そのとき、毘沙門天《びしゃもんてん》、持国天《じこくてん》、増長天《ぞうちょうてん》、広目天《こうもくてん》の四天王が、それぞれ一つの石鉢を持って現れた。同様に、仏に対しては、いつも四天王が現れて、鉢を仏にさし上げるのです――。

日蓮は、このような釈尊の鉢に関する伝承を用いながら、鎌倉時代の日本において「富貴の神」と信じられていた毘沙門が、そのような境遇《きょうぐう》を得るに至ったのは、「仏への真心の供養」を因《いん》とするのであると述べるのです。「富貴の神」毘沙門を祭《まつ》ったり、祈ったりするのではなく、毘沙門《びしゃもん》と同じ真心の行いへと、人をいざなおうとするのです。

文永年間の法難（竜《たつ》の口《くち》法難、佐渡流罪）のとき、蒙古襲来《もうこしゅうらい》の予感のなかで、鎌倉幕府は治安維持《ちあんいじ》のため、自分たちの意にそわない人物を「危険分子」として社会から排除《はいじょ》しようとしており、日蓮門下に対する弾圧もそういう側面がありました。本抄が認《したた》められた弘安三年（一二八〇年）は、蒙古国襲来の予感が日本国中に暗雲のように垂《た》れ込《こ》めていたときです。文永年間の法難のときと同様の、不穏《ふおん》な雰囲気が存在したのです。事実、前年（弘安二年）には、日蓮門下に「熱原法難《あつはらほうなん》」が襲《おそ》っています。

そういうなかで、「器《うつわ》」の供養を行った秋元太郎兵衛尉《ひょうえのじょう》の真心を、日蓮は「毘沙門《びしゃもん》天の行動」に譬《たと》えるのです。

2 仏にたくさんの伎楽《ぎがく》（音楽や舞踏、演劇）や八万四千もの七宝でできた鉢《はち》（食器）を供養したことによって妙音菩薩《みょうおんぼさつ》になった浄徳夫人《じょうとくふじん》

浄徳夫人は雲雷音王仏に八万四千の鉢を供養し進《まい》らせて妙音菩薩と成り給ふ（秋元御書一〇七二頁・一七三二頁）

秋元太郎兵衛尉《ひょうえのじょう》が、身延《みのぶ》の日蓮に対し、筒御器《つつごき》や皿を贈ったことに対する返礼の書簡に出てくる一節です。

『法華経』の「妙音菩薩品《みょうおんぼさつほん》」では、妙音菩薩という菩薩が、法華経を説く釈尊のもとに来至《らいし》します。その際、七宝《しっぽう》からなる華《はな》を降《ふ》らし、天鼓《てんく》が自然に鳴り響きます。また、来至した妙音の姿は、端正《たんせい》で無量の功徳で荘厳《そうごん》されたものでした。ちなみに、「功徳」とは、インドの古典語であるサンスクリットの「グナ」の音訳で、「徳性」とか「福徳」「人徳」という意味です。

妙音菩薩が、あまりに荘厳な姿で現れたので、華徳《かとく》という名の菩薩が、「あなたは、どのような修行をして、そのような功徳を積むことができたのですか」と妙音に問いました。

妙音は、かつて浄徳夫人という名で、妙荘厳王《みょうしょうごんのう》の后《きさき》でした。彼女には、王妃《おうひ》という社会的な立場がありました。また当時の女性にとって「家」を出て、自由に仏道修行を行うことは、なかなか難しかったのです。そういう事情で、彼女は直接的には、仏弟子のような仏道修行をすることはできませんでしたが、雲雷音王《うんらいおんのう》という名の仏に、多くの伎楽《ぎがく》を供養し、七宝でできた鉢《はち》を供養したのでした。

その結果、浄徳夫人は、多くの功徳を得ることができました。対話する人、それぞれに応じて、もっともふさわしい姿で、法華経を説くことができるようになったのです。

この説話は、真心の供養の大切さを述べたものです。また、仏教の歴史的な展開を知ることができる説話でもあります。大乗仏教成立以前の出家中心仏教においては、仏道修行は、出家し、托鉢《たくはつ》などのきびしい実践をすることでした。伎楽《ぎがく》（音楽や舞踊、演劇）は、低俗なものとして、仏道修行からは排除されていました。しかし、妙音は、伎楽で仏を供養したと、この説話では記されています。ゆえに、この妙音の伝承は、在家による信仰形態が発達していく仏教の歴史を伝えたものと考えられます。

3　自らの身をいとわず
師・日蓮を求めての婦人の求道を、
千里の道を通って法を求め神通力《じんずうりき》を得た
目連《もくれん》をもしのぐと称えた

目犍連《もっけんれん》尊者と申せし人は神通第一にてをはしき、四天下と申して日月のめぐり給うところをかみ（髪）すぢ（筋）一すぢき（切）らざるにめぐり給いき（乙御前母御書一二二三頁・七五五頁）

目連（目犍連）は、パーリ語では、モッガラーナ、サンスクリットではマウドガリヤーヤーナといい、目連はその音《おん》を写したものです。目連は、あるとき、盛大な祭りに集《つど》う人々が卑俗《ひぞく》な欲望の達成しか考えていないことに気づき、憂《うれ》い、世俗的な生活を捨てて、出家しました。当時、名をはせたサンジャヤ（Ⅱ―6「六師外道」の項、参照）の弟子になりましたが、十分な解答を得ることができませんでした。

あるとき、目連は友人であった舎利弗《しゃりほつ》とともに、街角《まちかど》で、人徳豊かに人と接する一人の人の姿を見つけました。そして、その人の振る舞いに、深く感動したのです。その人は釈尊の弟子のアサッジ（阿説示）でした。目連と舎利弗はサンジャヤの教団の中心でしたが、他の弟子たち二百人以上を連れて、釈尊に帰依《きえ》したのです。すぐに、二人は、仏弟子の中心的な存在となりました（『大智度論』巻十一など）。

目連は仏弟子中「神通第一」と呼ばれていたと伝承《でんしょう》されていますが、この言葉自体は釈尊滅後に成立したもので、目連の父が占い師であったことからの連想か、行動派の彼が、いたるところに説法に赴《おもむ》き、それが竜王の宮殿に弘教に行ったとか、天上にまで弘教に行ったとかいう伝説にと拡大され、その超人的な活躍のゆえに、「神通第一」と呼ばれるようになったと考えられます（『サンユッタ・ニカーヤ』四十など）。

また、『マハーヴァストゥ』という経典には、目連が、地獄《じごく》、餓鬼《がき》、畜生、四王天、忉利天《とうりてん》、夜摩天《やまてん》、兜率天《とそつてん》、化楽天《けらくてん》、他化自在天《たけじざいてん》、梵衆天《ぼんしゅてん》、浄居天《じょうごてん》を弘教のために歩きに歩いたという記述があります（第一章）。また、過去世に、釈尊がまだ王子であったときに、その姿に感動したアチュッタという修行者が、「もし生まれ変わったならば、どこにでも行ける神通力のある仏弟子となろう」と誓《ちか》ったという記述もあります（『須大拏太子経』）。本抄の記述はこれらの伝承に基づいたものであろうと推測されます。

乙御前《おとごぜん》の母は、日妙聖人《にちみょうしょうにん》と思われます。I―8「楽法梵志」の項でも述べましたが、幼い乙御前とその母の、自らの身をいとわぬ、求道の旅の崇高さを、日蓮は目連をも凌《しの》ぐものとして称《たた》えているのです。

目連は過去世に千里の道を通って法を求めたとされますが、彼女もまた千里（鎌倉時代の一里は五百メートル弱です）の道を越えて佐渡まで渡り、その志を表したのです。

4　信仰を貫いて迫害を受けた妙一尼御前《みょういちあまごぜん》の故・夫を偲《しの》んで説いた「臂《ひじ》を焼《や》いて供養した薬王菩薩」の物語

薬王菩薩の臂《ひじ》をやき給いしは彼は聖人なり火に水を入るるがごとし、此れは凡夫なり紙を火に入るるがごとし・此れをもつて案ずるに聖霊は此の功徳あり（妙一尼御前御消息一二五四頁・一〇〇一頁）

有名な「法華経を信ずる人は冬のごとし冬は必ず春となる」の文に続く一節です。

本抄を受け取った妙一尼御前《みょういちあま》の夫は、「竜の口法難《たつのくちほうなん》から佐渡流罪」と続く日蓮に対する迫害の際に、同じく弾圧《だんあつ》され、所領を没収《ぼっしゅう》された方です。その後、日蓮の佐渡流罪中に死去し、妙一尼御前と病弱な子どもたちが残されたのです。しかし、妙一尼御前はけなげに妙法への信仰を貫き続けました。

薬王菩薩《やくおうぼさつ》が臂《ひじ》を焼く話は、『法華経』の第二十三章「薬王菩薩本事品」に出てきます。「本事」とは、仏・菩薩などの、過去世の姿を示すことで、その仏・菩薩が今ある理由、由縁《ゆえん》を示唆《しさ》するものです。

過去に、「月と太陽の光で照らされた福徳《ふくとく》」という名の仏（日月浄明徳仏）が、法華経の説法を続けていたころ、「すべての人々が歓待《かんたい》する」という名の修行者（一切衆生喜見菩薩）がいた。菩薩は、さまざまな実践を、倦《う》まず弛《たゆ》まず行い続け、法華経実践の功徳によって、すばらしい境涯と智慧《ちえ》を得ることができた。感謝の気持ちでいっぱいになった菩薩は、法華経と仏に供養を行おうと思った。最高の供養とは何か？

菩薩は、香料《こうりょう》を身に塗《ぬ》り、香油《こうゆ》を飲んで、自らの身に火をつけ、八十億恒河沙《ごうがしゃ》という世界を照らした。

生まれ変わった菩薩は、捨身《しゃしん》の功徳で、立派な仏道修行者となり、同じ仏にまみえた。しかし、仏はやがて入滅《にゅうめつ》してしまった。菩薩は、仏に感謝し、今度は臂《ひじ》を焼いて供養した。菩薩は腕《うで》を失ったが、智慧の力と人徳の力を得、腕ももとに戻った。菩薩は、さらに生まれ変わり、薬王菩薩となったのである。

この話も「本生譚《ほんじょうたん》」の一つですので、本当にこういう事実があった、ということよりむしろ、「身軽法重《しんきょうほうじゅう》」の姿勢の大切さ、また法華経の偉大さを述べたものです。日蓮は、妙一尼御前の夫が、信仰を貫《つらぬ》いて迫害を受けたことを追想《ついそう》し、大菩薩のような身軽法重の実践を、凡夫の身で行った彼の尊貴《そんき》さを偲ぶのです。

5 幕府から重税をかけられ困窮《こんきゅう》のなかで真心の供養をした南条時光を称《たた》えた「裕福な家を捨てた阿那律《あなりつ》」の物語

仏の御弟子に阿那律《あなりつ》尊者と申せし人は・をさな（幼）くしての御名をば如意と申す、如意と申すは心のおもひのたから（宝）をふらししゆへなり、このよしを仏にとひまいらせ給いしかば・昔うえ（飢）たるよ（世）に縁覚と申す聖人をひゑ（稗）のはん（飯）をもつて供養しまいらせしゆへと答えさせ給う（南条殿御返事一五四一頁・一〇七八頁）

阿那律は、アヌルッダ（サンスクリットではアニルッダ）の音《おん》を漢字で写したもので、後世「十大弟子」と称せられる釈尊の高弟の一人です。彼は釈尊と同じシャカ族の出身で、身分が高く裕福《ゆうふく》な家の出身であったと伝えられています。食べ物が自然に生じると思い込んでいたぐらい、世間と隔離《かくり》した身分の高さであったと伝える伝承もあります。彼の出家は、その裕福な家系が絶《た》えるということになるので、周囲の大反対に遭いましたが、志《こころざし》かたく、晴れて、仏弟子となりました。仏弟子となってからのアヌルッダは、家なき貧者《ひんじゃ》と同じ生活をし、自らを律《りっ》した生き方を通しました。

天台大師の『法華文句』巻一下には、アヌルッダが、過去世において、独《ひと》り仏道修行を行う人（辟支仏《ひゃくしぶつ》）のために稗《ひえ》の食事を供養したがために、その果報で釈迦族の裕福な階級に生まれたと述べられています。『テーラ・ガーター』という古い経典にアヌルッダの本生譚《ほんじょうたん》が少し出てきます（九一〇～九一一偈）。おそらく、これがもっとも古い形の伝承で、そこからさまざまな解釈が生まれたのでしょう。『テーラ・ガーター』にはこうあります。

アヌルッダは前世において、貧しく「食物を運ぶ奴僕《ぬぼく》」という意味のアンナバーラという名前であった。つねに、食料を運んでいた。あるとき、アンナバーラは、有名なウパリッタという辟支仏《ひゃくしぶつ》に出会った。アンナバーラは彼の威厳《いげん》ある姿に打たれ、食を供養した。その功徳で、彼は釈迦族の裕福な家に生まれ、アヌルッダという名で広く人々に知られ、毎日、音楽家や舞踏家《ぶとうか》に囲《かこ》まれた生活を送っていた。しかし、同じ釈迦族のゴータマが同じような豪奢《ごうしゃ》な生活を捨てて、聖者となったのを見て、彼もすべてを捨てて、ゴータマ（釈尊）に帰依した。

南条時光の真心の供養に対し本抄は著されたのですが、アヌルッダが聖者への供養の結果、裕福になったというのではなく、アヌルッダが供養の結果、仏になったととらえているところに、日蓮の深さがあるといえるでしょう。

6　厳《きび》しい財政のなか
真心の供養をした南条時光を称《たた》えた
「インド第一の大富豪の家を捨てた迦葉《かしょう》」の物語

迦葉《かしょう》尊者と申せし人は仏についでも閻浮提《えんぶだい》第一の僧なり、俗にてをはせし時は長者にて・から（犂）を六十そのくら（蔵）に金《こがね》を百四十こく（石）づつ入れさせ給う……迦葉尊者の麦のはん（飯）は・いみじくて光明如来とならせ給う（南条殿御返事一五四一頁・一〇七九頁）

「迦葉尊者」とは、釈尊《しゃくそん》の高弟の一人、カッサパ（パーリ語、サンスクリットでは、カーシャパ）のことです。ラージャガハ（王舎城《おうしゃじょう》）とナーランダの間にあるマハーティッタという町のバラモンの家に生まれました。道で偶然《ぐうぜん》出会った釈尊の姿に感銘《かんめい》し、そのまま仏弟子となりました。仏弟子には他に何人かカッサパ姓《せい》の者がいたので、とくにこのカッサパをマハー（偉大な）カッサパと呼び習《なら》わしています。

『大智度論』の二十二巻には、裕福だった彼が着ていた服は、その値が「十万金」と高価なものだったので、出家のときに、一人の乞食のまとっていたぼろ布と交換したという話が伝えられています。前にも述べたように、釈尊たちがまとっていたカシャーヤと呼ばれた衣は、貧者が着る粗末《そまつ》な衣服と同じものだったのです。カシャーヤの音《おん》を写して袈裟《けさ》と漢訳されました。

カッサパも、釈尊と同じく、それまでの社会的地位を捨て、悩める人々と同じ服を身に着けたのです。カッサパは質素な仏弟子たちの中でも、特に高潔《こうけつ》、清廉《せいれん》で、財に執着せず、常にぼろ布をまとっていました。そういう出家後の彼の姿を対照的に照らし出すために、出家前の裕福さを強調する伝承が作られてきたと考えられます。天台大師《てんだいだいし》の『法華文句』巻一下に、そのような伝承が並べられています。

迦葉《かしょう》の家は、当時のインドにあった十六大国に並ぶものがいないほどの大資産家であった。絨毯《じゅうたん》は毛足が長く、一番安い物でも千百両金であった。六十の倉庫があり、それぞれ、大量の金が入っていた。ある経（『仏本行集』四十六）には、過去世に麦を辟支仏に供養したとある。

本抄は、南条時光の真心の供養に対し著されたものです。前項（阿那律）でも述べましたが、「カッサパは過去に聖者に供養したゆえに、豊かになった」という因果の系列では、話は終わりません。その豊かな財を捨てて、仏道を弛《たゆ》まず歩んだゆえに、カッサパは仏となった、ゆえに、時光も、仏の境涯を得るだろうという因果が述べられるのです。

7 生活の厳《きび》しい南条時光が供養したこの麦は、金以上の価値をもっていると称《たた》えた「石を金《こがね》に変えた釈摩男《しゃくまなん》・金粟王《こんぞくおう》」の物語

釈まなん（摩男）と申せし人の石をとりしかば金《こがね》となりき、金《こん》ぞく（粟）王は・いさごを金となし給いき（南条殿御返事一五四一頁・一〇八〇頁）

仏典で、「釈摩男」という人は、二人います。

一人は、釈尊が出家して、苦行の修行をしていたときの修行仲間で、成道の後の釈尊の説法を最初に聞《き》いた五人の比丘《びく》の一人、マハーナーマのことです。

もう一人の釈摩男は、釈尊《しゃくそん》のいとこに当たるマハーナーマのことで、釈尊（ゴータマ・ブッダ、釈迦族の聖者という意味で、釈尊）と同じく釈迦族の生まれであるので、釈摩男といわれています。

ちなみに、後者の釈摩男には、釈尊との間で交わされた興味深い対話が残されています。彼はあるとき釈尊に「修行を積んだ仏弟子が、たまたまカピラヴァットゥの街《まち》で、突進してくる象《ぞう》に出合い、その瞬間、仏の教えもなにも忘れてしまい、そのとき、踏みつぶされたらどうなるのか？」という質問をしています。今でいえば、交通事故に遭ったらどうなるのか、という質問でしょう。釈尊は、東に向かって傾《かたむ》いている木が、斧《おの》で切り倒されたら、東に向かう。同じように修行が一瞬《いっしゅん》やんで、そのときに死んでもなんの影響もないので心配しなくてもいい、と説いています（『サンユッタ・ニカーヤ』二十二）。

さて、釈尊の最初の説法に出会った釈摩男は、類《たぐい》まれな神通力《じんずうりき》を持っていたといわれています。中国・宋の時代の従義《じゅうぎ》が著した『天台三大部補注《ほちゅう》』巻十一には、「釈摩男、もろもろの瓦礫《がりゃく》を執《と》るに、皆ことごとく宝となる」とあります。もちろん仏法は「魔にたぼらかされて通を現ずるか、但し法門をもて邪正をただすべし利根と通力とにはよるべからず」(「唱法華題目抄」一六頁・二〇八頁)というのが基本的態度です。歴史の経過とともに、そのような神通力の伝承が作られていったということでしょう。

金粟王についても、さまざまな解釈がありますが、一説にはインドにおいて巨大な版《はん》図《と》を統治したカニシカ王のことと考えられます。カニシカ王のころは、ローマからインドに多量の金が輸出され、カニシカ王の帝国(クシャーナ朝)は、おびただしい金貨を造り流通させました。そこで、カニシカ王は黄金を生み出すという伝説ができたとも考えられます。日蓮はこれらの伝承をもとに、南条時光が日蓮に供養した麦は、金のように価値あるものとして日蓮を支え、またその福徳が時光を輝かせるだろう、と語るのです。

8　衣服も事欠くなかで銭《ぜに》一貫文を贈った時光の真心を称《たた》えた「須達長者《すだつちょうじゃ》」の説話

月氏国にす（須）達長者と申せし者は七度貧になり・七度長者となりて候いしが・最後の貧の時は万民皆にげ（逃）うせ・死にをはりて・ただ・めおとこ（婦夫）二人にて候いし時・五升の米あり五日のかつて（糧）とあて候いし時・迦葉・舎利弗・阿難・羅睺羅・釈迦仏の五人・次第に入らせ給いて五升の米をこひ（乞）とらせ給いき、其の日より五天竺第一の長者となりて・祇園精舎《ぎおんしょうじゃ》をば・つくりて候ぞ、これをもつて・よろづを心へ（得）させ給へ（上野殿御返事一五七四頁・

一八二九頁）

この説話の原典は不明です。しかし、中国で経典をテーマ別にまとめた『経律異相《きょうりついそう》』という資料集のような文献がありますが、ここに類似の説話（巻三十五）が出てきます。

昔のインドに須達《すだつ》という名前の資産家がいた。彼の人生は山あり谷ありで、七度事業に失敗し貧乏となり、七度成功した。

最後の貧のときがもっとも激《はげ》しかった。雇用《こよう》していた人々は逃げ去り、夫婦は二人だけとなった。家財もなく、ごみを整理していると、宝のように高価な栴檀《せんだん》の香木《こうぼく》が出てきた。これを売り、四斗《と》の米と交換した。

須達の妻は、そのうちの一斗の米を炊《た》き、夫はおかずを手に入れに行った。そこに舎《しゃ》利弗《りほつ》がやって来た。当時の仏弟子は一切の財産を持たず、乞食《こつじき》行・托鉢《たくはつ》行を行っていた。須達の妻は喜んで、一斗の米をあげてしまった。次いで、目連《もくれん》がやって来た。また、妻は喜んで一斗の米をあげてしまった。そして迦葉《かしょう》がやって来た。妻は喜んで、一斗の米をあげてしまった。とうとう米は、一斗だけになった。ところがそこに釈尊《しゃくそん》がやって来た。妻は歓喜《かんき》し、釈尊に最後の米を与えてしまった。

夫が帰ってきた。夫人はさぞ彼が怒《おこ》るだろうと思ったが、正直に言った。「すべての米を仏と仏弟子にあげてしまったのです」。夫は怒るどころか、大歓喜し、二人で米の汁をすすっていた。しかし、たちどころに家中の部屋という部屋に、宝が自然に充《み》ち満ちていった。ところが、須達はそれをわが物とせず、他に施《ほどこ》した。

須達は、スダッタの音《おん》を漢語に訳したものです。須達は、漢訳仏典で、「給孤独長《ぎっこどくちょう》者《じゃ》」とも表されます。こちらの方は彼のニックネーム「アナータピンディカ」の意味を訳したもので、「孤独で貧しい人に食べ物を施す人」という意味です。その名の通り、彼は貧しき人、孤独な人に施しをすることで有名でした。また、須達の寄進《きしん》によって、仏教がガンジス川の北部に流布《るふ》していくときの一大拠点《きょてん》、サーヴァッティ（シュラヴァステイー、舎衛国《しゃえこく》）の祇園精舎《ぎおんしょうじゃ》が成立したのです。

須達長者《すだつちょうじゃ》はもともと釈尊には帰依《きえ》していませんでしたが、仏教に帰依していた義弟から、「目覚《めざ》めた人（ブッダ、仏陀）」の存在を聞き、早速《さっそく》会ってみたいと思いました。一目会って須達長者は釈尊を尊敬しました。どんな人でも「よく来られましたね」と受け入れる器量《きりょう》の大きさ、一切の差別を排した平等性、そして自然の振《ふ》る舞《ま》いに備わる威《い》厳《げん》。帰依した須達は、釈尊たちが、弘教《ぐきょう》の拠点《きょてん》を持たないことを心配して、土地を供養しようと思ったのです。

サーヴァッティに、活動拠点として非常にいい場所がありました。しかし、それはジエータ（祇陀《ぎだ》）という王子の所有する園林《おんりん》でした。ところが、ジェータは、代価の金の面積と同じ広さの土地しか売らないというのです。このような土地取引の場合、当時のインドの慣習では、売り手の言い値《ね》でないと契約が成立しません。

須達は、ジェータのいうように金を敷《し》き詰《つ》めたのです。その誠心の姿に、王子は打たれ、自分もその土地を釈尊に供養したいと申し出ました。

この土地に釈尊とその弟子たちの活動の拠点ができるのです。「ジェータの園林」で、祇陀園《ぎだおん》と呼ばれます。『平家物語』の冒頭の「祇園精舎《ぎおんしょうじゃ》の鐘《かね》の聲《こえ》」の有名な一文の祇園精舎というのは、祇陀園に建てられた修行と活動のための建物のことです。ただし、インドには中国や日本のような梵鐘《ぼんしょう》はありません。

日本中から迫害された日蓮を師とし、また権力の横暴《おうぼう》から、熱原《あつはら》の農民を守った南条時光（上野殿）に対し、権力側は、圧迫を強めてきました。御書の続く個所にもありますが、時光に対し、公事《くじ》（年貢以外の幕府への課役）を不当に多く命じたのです。そのため時光一家は衣服にも事欠く状態になったのです。

しかし、時光は命の糧《かて》ともいうべき「銭一貫文《ぜにいっかんもん》」を日蓮に贈ったのです。

ここでは、時光の誠心の姿勢を須達長者夫妻の無私の行いになぞらえて、称賛《しょうさん》しているのです。

9 南条時光の真心の供養を称えた「徳勝童子《とくしょうどうじ》と土《つち》の餅《もち》（アショーカ王本生譚《ほんじょうたん》）」の説話

今申せば事新しきに相似て候へども・徳勝童子は仏に土の餅を奉りて阿育大王と生れて南閻浮提を大体知行すと承り候（南条殿御返事一五七八頁・一八八三頁）

『ディヴィヤ・アヴァダーナ』という資料があります。三世紀から、四世紀にかけて成立したと考えられている、貴重な伝承を伝える仏典の一つです。この二十六章から二十九章がアショーカ王についての伝承です。二十六章は「土くれをさし上げること」

と題されています。漢訳仏典には『阿育王伝』『阿育王経』というアショーカ（阿育）王に関する仏典がありますが、しばしば『ディヴィヤ・アヴァダーナ』と類似《るいじ》の伝承を伝えています。「土くれの供養」もその一つです。

ある日、釈尊《しゃくそん》がラージャグリハ（王舎城）の街《まち》に托鉢《たくはつ》のためにやってきた。威厳《いげん》ある姿に、眼の不自由な人に視力《しりょく》が戻り、耳の聞こえない人に聴力《ちょうりょく》が戻った。また、さまざまな理由で拘禁《こうきん》されている人々は、鎖《くさり》や縛《いまし》めから解放された。敵意ある人々には慈悲心が生まれ、つながれている家畜も母のもとに帰って行った。

大通りに二人の男の子がいた。一人をジャヤ（徳勝《とくしょう》）といい、もう一人をヴィジャヤ（無勝《むしょう》）といった。二人は泥《どろ》で家を作って遊んでいた。二人は釈尊の威厳ある姿に打たれ、ジャヤは「麦焦《むぎこが》しをさしあげましょう」と一握《ひとにぎ》りの土くれを釈尊に差《さ》し出した。ヴィジャヤも合掌《がっしょう》し、釈尊に見《まみ》えた歓喜を表した。そのとき、ジャヤは誓願《せいがん》の志《こころざし》を表した。

「この善き行いによって、私は大地を一つの傘《かさ》の下に治める王となり、また仏に（仏教有縁の土地として）供養《くよう》できますように」

　釈尊はそばにいたアーナンダ（阿難《あなん》）に言った。

「アーナンダよ。この子は私が死んだ後、百年して、パータリプトラの都に、アショーカ王、正義の王、法の王として生まれ、多くの衆生を救済するだろう」


　日蓮はこの説話をしばしば用います。不思議なことに、この説話が引かれるのは、必ずといってよいほど身延《みのぶ》の地が食糧難に陥《おちい》っているときです。「志は道の遠きにあらわるるにや」とありますように、真心というものは大変なときにこそ輝いてくるものです。

　供養はその供養する物の価値ではなく、真心が大切です。日本国中から批判を受けている日蓮に供養をすること自体、社会の非難を覚悟の上でなければできないことなのです。それは、神仏に供え物をして、その結果、功徳をもらおうという「取引」という次元をはるかに超えた崇高《すうこう》なる真心の表れなのです。

10　身の危険をかえりみず日蓮に供養しつづけた阿仏房《あぶつぼう》夫妻には釈尊の過去世の修行の功徳が備わることを説いた「薩埵王子《さったおうじ》の捨身飼虎《しゃしんしこ》」の説話

薩埵《さった》王子たりし時う（飢）へたる虎に身をか（飼）いし功徳（千日尼御前御返事一三一四頁・一五四六頁）

『金光明経《こんこうみょうきょう》』という経典があります。ルチラケートゥという仏道修行者が自らの生き方を反省し、十方の一切衆生を救済すること、菩薩に至らしめることを誓願《せいがん》します。そして、この経は正法を行じる人や国王が諸天によって守護《しゅご》されていることを述べます。国王が正法に基《もと》づき善政を行えば、諸天善神《しょてんぜんじん》によって守護されるが、国王が法に背《そむ》いた行いをすれば、諸天善神はその国を捨《す》て去り、国は滅《ほろ》びるという主張が述べられます。この経を一つの鑑《かがみ》として、日蓮は「立正安国論」で、当時の鎌倉幕府を批判したのです。『金光明経』は、経の功徳を述べるにあたり、教主釈尊《きょうしゅしゃくそん》の徳《とく》を述べていきます。そしてその文脈《ぶんみゃく》で、釈尊が過去世に薩埵王子《さったおうじ》として行った菩薩行の本生譚《ほんじょうたん》が登場するのです。

昔、三人の王子がいた。長男が摩訶波羅《まかはら》、次男が摩訶提婆《まかだいば》、そして三男が摩訶薩埵《まかさった》（マハー・サットヴァ）という名であった。

あるとき、三人は好奇心から深い森の中に入っていった。そこに彼らが見たものは、虎《とら》が七匹の子どもを産み、食べ物がなく、母子ともに飢《う》えに逼《せま》られている姿であった。痩《や》せ衰え、体力もほとんど失われていた。

兄は言った。「可哀想《かわいそう》に、子どもが七匹もいるから食料を取りに行けないんだ」

薩埵《さった》王子は尋《たず》ねた。「虎は何を食べるの？」「肉だよ」

「私たちは愚《おろ》かで、自分のことしか考えていないから、眼の前で可哀想なことがあっても、自分の身が捨てられないのだ」

——兄弟たちは懸命《けんめい》にこう考えるが、結局、命が惜《お》しくて、皆、帰ってしまった。

しかし、薩埵王子だけは残った。

「今まで私は、つまらないものにどれほど命を使ってきたかわからない。また、

このまま生きていったとしても、いつかは死に身を腐《くさ》らせるだけだ」
王子は虎の横に身を横たえた。虎は王子の慈悲を感じ、食べなかった。王子は自分の身体にわざと傷《きず》をつけた。血を見た虎は本能に抗《あらが》えず、王子の身を食し、虎たちは命を永《なが》らえることができた。この王子は、過去世において菩薩道を行じたときの釈尊《しゃくそん》の姿である。

この本生譚《ほんじょうたん》は、「捨身飼虎《しゃしんしこ》」といわれ、感動的な内容のため、国や民族の違いを超《こ》えて、多くの人々の心を引きつけてきました。敦煌莫高窟《とんこうばっこうくつ》の有名な壁画《へきが》にも、日本では、法隆寺《ほうりゅうじ》の国宝玉虫厨子《たまむしのずし》の須弥座《しゅみざ》にも、描かれる有名なモチーフです。

本生譚とは、大乗仏教興起《こうき》時代に、説法をわかりやすく、親しみやすくするために、当時世間で広く知られていたさまざまな民間伝承、民話の類《たぐい》を、仏教が取り入れたものです。前にも述べたように、釈尊の過去世の物語の形をとっていますが、本生譚のほとんどが他者への慈悲《じひ》を述べるものであり、今私たちが行うべき修行のあり方を述《の》べたものといえます。また、私たちの周囲《しゅうい》にいる貧《まず》しい人や動物たちも、将来《しょうらい》仏・菩薩になるための修行をしている尊《とうと》い存在である、と一切の差別を打破する平等な智慧《ちえ》を伝えようとしたものともいえます。

しかし、この本生譚には、落とし穴があります。

本来は成り立ちのまったく違う膨大《ぼうだい》な伝承が、その主人公が釈尊という一人の人物であるために、釈尊一人の過去世に事実あった物語と考えられるようになりました。すると釈尊が仏になったのは、そのように膨大な過去世の修行を積んだからであって、仏道修行を始めたばかりの私たち凡夫にとっては、「歴劫修行《りゃっこうしゅぎょう》」と形容されるような膨大な修行を積んで、はるか遠い未来にしか成仏できない、とうてい成仏は不可能である、と考えられるようになったのです。

この難問《なんもん》に対し、例えば『法華経《ほけきょう》』は、釈尊と弟子の関係が久遠《くおん》の昔より続いているという考えで回答したのです。

さて、本抄では、身延に入山した日蓮に対し、長年変わらぬ真心の供養を行い続けた千日尼（とその夫の阿仏房）への感謝《かんしゃ》の思いが語られます。佐渡《さど》においては、当時の権力者から「日蓮に近づいてはならない。その流刑《るけい》の場所の前を通っただけで、牢《ろう》に入れる。供養をしたものは、国を追《お》い妻子を奪《うば》う」（「種種御振舞御書《しゅじゅおふるまいごしょ》」九二〇頁・九七八頁、趣意）との命令が出たにもかかわらず、夫妻は身の危険を顧《かえり》みず供養を続けました。日蓮が身《み》延《のぶ》に入っても、佐渡から数週間の道のりの遠さをものともせず、三度も、供養を届けたのです。

日蓮は、そのように、国中が何と言おうが、また自分の不利になろうが、日蓮を信じ続けた夫妻の信心が、本生譚に見られる釈尊の多数の修行の功徳をすべて備えていると、夫妻を称《たた》え励ますのです。

11　日蓮に衣服を贈ったことに対して、その功徳の大きさを称《たた》えた「商那和修《しょうなわしゅ》」の説話

第一は迦葉《かしょう》尊者二十年・第二は阿難尊者二十年・第三は商那和修《しょうなわしゅ》二十年・乃至第二十三は師子尊者なりと云云、其の第三の商那和修と申す人の御事を仏の説かせ給いて候やうは、商那和修と申すは衣《きぬ》の名なり、此の人生れし時衣《きぬ》をき（著）て生れて候いき不思議なりし事なり（妙法比丘尼御返事一四〇六頁・一五五一頁）

商那和修は、梵語《ぼんご》の「シャーナカヴァーシン」の音《おん》を漢語に写したものです。本名はサンブータといいます。「シャーナカヴァーシン」とは、「シャーナカヴァーサを着るもの」という意味で、「シャーナカヴァーサ」とは「シャーナでできた衣《ころも》」を意味します。シャーナとは、麻《あさ》の一種でその皮から繊維《せんい》をとります。サンブータは、いつもシャーナでできた衣を着ていたので、この名がつきました。やがて、後世、それが伝説化し、生まれたときから、シャーナの衣を着ていたといわれるようになりました（「シャーナ」は地名で、その住人であったので、その名があるという伝承もあります）。

彼は、釈尊の存命中は仏弟子ではありませんでした。十大弟子の一人の阿難《あなん》（アーナンダ）によって、仏教に帰依しました。彼が仏教教団でリーダーシップをとっていたとき、マハーデーヴァ（大天）による十事をめぐる論争が仏教教団内部に起こり、その対応に尽力《じんりょく》したので、阿難に次いで、釈尊の正統の流れを受け継《つ》いだ人（付法蔵《ふほうぞう》）と尊敬されるようになったのです。『付法蔵因縁伝《いんねんでん》』第二巻に、商那和修《しょうなわしゅ》の本生譚《ほんじょうたん》が記《しる》されています。

はるか過去に、一人の隊商のリーダーがいた。交易《こうえき》のために旅に出たとき、路上で一人の辟支仏《ひゃくしぶつ》（縁覚《えんかく》、独りで悟りの境涯を得た人）が倒《たお》れていた。リーダーは献身的に看病《かんびょう》し、辟支仏は助かった。辟支仏は、粗末《そまつ》な「商那衣《しょうなえ》」を着ていた。可哀想《かわいそう》に思ったリーダーは、高価な衣をプレゼントしようとした。しかし、その辟支仏は「修行者は粗末な衣《ころも》を着て、一生を送るのです」と語った。リーダーは「私は何度生まれ変わっても、かの辟支仏のように生きたい」と誓《ちか》い、その誓い通り、商那を着て、生まれてきた。そのため、商那和修と名づけられた。

本抄は、妙法比丘尼の兄嫁が衣服を日蓮に贈ったことについて、商那和修の譬《たと》えを引きながら、その功徳の大きさを示したものです。

12 あなたの真心の供養によって日蓮の命が支えられた。だから日蓮の唱える題目の功徳はあなたの亡き父に向かうだろうと称《たた》えた「白馬《はくば》と白鳥《はくちょう》と馬鳴《めみょう》」の説話

爾《そ》の時に馬鳴《めみょう》菩薩と申す仏子あり十方の諸仏に祈願せしかば白鳥則出で来りて白馬則鳴けり（内房女房御返事一四二四頁・一七八八頁）

『釈摩訶衍論《しゃくまかえんろん》』という書物があります。「摩訶衍」とは、サンスクリットの「マハーヤーナ」

の音《おん》を漢語に写したもので、「大きな乗り物」、つまり「大乗《だいじょう》」のことです。大乗仏教の代表的な論書『大乗《だいじょう》起《き》信論《しんろん》』の注釈です。この第一巻に、以下のようなアシュヴァゴーシャ（馬鳴）についての伝説があります（Ⅱ―18「鬼弁婆羅門と馬鳴」の項も参照）。なお、この伝説中に、白鳥と白馬が出てきますが、その関係が、「内房《うつぶさ》女房御返事」（他に、「上野殿母御前御返事」一五七二頁・一八一五頁、「曾谷殿御返事」一〇六二頁・一六五七頁にも引かれている）とは入れ替わっています。「白馬」と「白鳥」の文字が草書体のようにくずした場合、酷似しているからとも考えられます。

昔、輪陀《りんだ》という大王がいた。その威徳《いとく》の秘密は、千羽の白鳥であった。白鳥が鳴く声を聴《き》くと、王は元気が出るのだった。その白鳥はといえば、なぜか、白馬を見るとさかんに鳴《な》くのである。

あるとき、突然、白馬がいなくなった。白鳥は鳴かなくなった。輪陀王はあちこち白馬を探したが見つからない。王は触《ふ》れを出して「もし、白鳥を鳴かすものがいたならば、その教えを信奉《しんぽう》しよう」と告知《こくち》した。

外道の者たちが必死で祈願《きがん》をしても、白鳥は鳴かなかった。ところが、一人の菩薩《ぼさつ》がいて、祈願するとたちまち白馬がどこからか現れ、いななくと白鳥も鳴きだした。王は、菩薩に感謝し、その国で仏教が尊ばれることとなり、馬を鳴かせたことにより、その菩薩は「馬鳴」と呼ばれるようになった。

本抄を受け取った女性は、住んでいた場所（駿河国内房《するがのくにうつぶさ》）から「内房女房」と呼ばれています。日蓮に真心の供養をした内房女房を馬鳴に譬《たと》え、日蓮を白馬、南無妙法蓮華経を白馬のいななき、さらに亡くなった女房の父を輪陀王に譬えています。内房女房の真心の供養によって、日蓮の命が支えられ、翻《ひるがえ》ってその功徳が亡き父親へと向かうと、女房を励ましているのです。

13 婦人の真心からの二百文《にひゃくもん》の供養に、純真な信心にこそ大きな功徳があることを教えた「貧女《ひんにょ》の一灯」の説話

貧女の我がかしら（頭）をおろ（剃）して油と成せしが須弥山《しゅみせん》を吹きぬきし風も此の火をけさず（王日女殿御返事一二六三頁・一八五二頁）

平安末期の仏教説話集である『宝物集《ほうぶつしゅう》』下に、布施《ふせ》行の尊さを語る次のような話が載《の》っています（もとは『根本説一切有部毘奈耶《こんぽんせついっさいうぶびなや》〈律〉』の「薬についての規則」第十二巻にあります）。

昔々、アジャータシャトル（阿闍世《あじゃせ》）王は、釈尊を迎えてその教えを聴《き》くことにした。夜になって、釈尊がジェータ（祇陀《ぎだ》）王子の園林《おんりん》（祇園《ぎおん》）にある精舎《しょうじゃ》に帰ることになった。夜は暗いので、アジャータシャトル王は、安全のために王宮から精舎まで火を灯《とも》して送ることにした。

一人の貧女《ひんにょ》がいた。この灯火の話を聞《き》いたが、二枚の貨幣《かへい》しかない。料足《りょうそく》（何かを買うお金）としてこれを払えば、まったくの無一文になる。しかし、二枚の貨幣を彼女はそれを灯《ともしび》の油とそれを入れる土器に換《か》えて、道に灯した。

おりから、強風が吹き出した。他の灯は一つ、また一つと皆消えてしまったが、ただ、貧女が捧《ささ》げた一灯のみ、消えずに残った。

この真心のゆえに、彼女は、「須弥燈光如来《しゅみとうこうにょらい》」という仏となる、と記別《きべつ》を受けた。

この物語に類似の話は、『雑宝蔵経《ざつほうぞうきょう》』第五巻に出てきます。孤児《こじ》で家もなく貧困《ひんこん》のなかで暮らしている娘が、二枚の銅貨を拾い、それを仏教の教団に供養したところ、教団のリーダーの一人が、「この真心は大海より大地よりも大きい」と、その娘を貧困から救ってあげるというお話です。不思議なことに、『新約聖書』にも、レプトン貨を二枚捧《ささ》げる寡婦《かふ》の話が出てきます。仏教がキリスト教に影響を与えたという研究者もたくさんいます。ともかく、真心の大切さは、洋の東西を問わず、宗教にとって不可欠な要素なのでしょう。

王日女《おうにちにょ》の二百文の供養に対し、日蓮は、阿育（アショーカ）王の砂の餅《もち》（前出）や、この貧女の一灯《いっとう》の物語を通して、純真な信心の真心に大きな功徳があることを語っていくのです。

若江賢三（わかえ・けんぞう）

1949年、愛媛県生まれ。筑波大学大学院（博士課程満期退学）を経て、愛媛大学法文学部教授。専攻は東洋史学。主要論文に「秦漢律における『不孝』罪」「日蓮の孝思想と封建的孝思想」がある。

小林正博（こばやし・まさひろ）

1951年、東京生まれ。学習院大学法学部、立正大学仏教学部宗学科卒。同大学院修士課程修了、同博士課程単位取得中退。専攻は日本仏教史、日蓮学。東洋哲学研究所主任研究員、創価大学非常勤講師。著書に『宗門問題を考える』『日蓮大聖人の「御書」を読む（上）法門編』『日蓮の真実』。共著に『御書と鎌倉時代（上下）』『友人葬の現在』『日蓮大聖人の思想と生涯』『日蓮大聖人年譜』。監修に『日蓮大聖人ゆかりの地を歩く』などがある。

生活《せいかつ》に生《い》きる故事《こじ》・説話《せつわ》
――日蓮《にちれん》の例話《れいわ》に学《まな》ぶ（インド編《へん》）

レグルス文庫 259

2007年12月15日　初版第1刷発行

編　者　若江《わかえ》 賢三《けんぞう》・小林《こばやし》 正博《まさひろ》
発行者　大島光明
発行所　株式会社　第三文明社
東京都新宿区新宿1-23-5　郵便番号　160-0022
電話番号　03(5269)7145（営業）
03(5269)7154（編集）
URL　http://www.daisanbunmei.co.jp
振替口座　00150-3-117823
印刷所　明和印刷株式会社

ISBN978-4-476-01259-0

REGULUS LIBRARY

レグルス文庫について

レグルス文庫〈Regulus Library〉は、星の名前にちなんでいる。厳しい冬も終わりを告げ、春が訪れると、力づよい足どりで東の空を駆けのぼるような形で、獅子座〈Leo〉があらわれる。その中でひときわ明るく輝くのが、このα星のレグルスである。レグルスは、アラビア名で〝小さな王さま〟を意味する。一等星の少ない春の空、たったひとつ黄道上に位置する星である。決して深い理由があって、レグルス文庫と名づけたわけではない。ただ、この文庫に収蔵される一冊一冊の本が、人間精神に豊潤な英知を回復するための〝希望の星〟であってほしいという願いからである。

都会の夜空は、スモッグのために星もほとんど見ることができない。それは、現代文明に、希望の冴えた光が失われつつあることを象徴的に物語っているかのようだ。誤りなき航路を見定めるためには、現代人は星の光を見失ってはならない。だが、それは決して遠きかなたにあるのではない。人類の運命の星は、一人ひとりの心の中にあると信じたい。心の中のスモッグをとり払うことから、私達の作業は始められなければならない。

現代は、幾多の識者によって未曾有の転換期であることが指摘されている。しかし、その表現さえ、空虚な響きをもつ昨今である。むしろ、人類の生か死かを分かつ絶壁の上にあるといった切実感が、人々の心を支配している。この冷厳な現実には目を閉ざすべきではない。まず足元をしっかりと見定めよう。眼下にはニヒリズムの深淵が口をあけ、上には権力の壁が迫り、あたりが欲望の霧につつまれ目をおおうとも、正気をとり戻して、たしかな第一歩を踏み出さなくてはならない。レグルス文庫を世に問うゆえんもここにある。

一九七一年五月

第三文明社